キャリア教育と就業支援

フリーター・ニート対策の国際比較

小杉礼子　堀有喜衣［編］

勁草書房

はしがき

二〇〇三年に文部科学、厚生労働、経済産業、経済財政政策担当の四大臣の名で発表された「若者自立・挑戦プラン」は、わが国での初めての本格的な若者政策だといえる。「若者はチャンスに恵まれていない」「自らの可能性を高め、それを活かす場がない」と、これまでおうおうにして若者の意識の問題に帰してきたフリーターの増加や若年失業率の上昇を、社会システムの不適合の問題として捉えなおし、さらに、教育・雇用・産業政策の連携を強めて、総合的な人材対策を強化すると宣言した。

そこでの一つの柱が、学校におけるキャリア教育の推進と実践的な職業能力形成の仕組みの導入である。またもう一つの柱は、ほとんどの都道府県が設置した「ジョブカフェ」での総合的な就業支援である。

本書は、こうした新たな政策展開の最前線にある方々への情報提供を目的に編集した。若者政策は日本では新たな取組みだが、他の先進諸国では早くから若年失業問題に直面しており、それだけにさまざまな経験を経て工夫された施策を展開している。遅れてこの問題に取り組むわが国にとっては、他の国々で行なわれてきたキャリア教育や若者就業支援の施策は、政策の具体的展開や次の展開を考えるうえでの重要な参考事例となろう。そうした思いから、ここでは、それぞれに異なる施策が試みられているイギリス、アメリカ、ドイツ、スウェーデンの四ヵ国での政策展開を紹介したい。

また、四つの国の事例の後には、日本の政策とその背景にある社会変化について改めて整理する。そして最後の章では、これらを踏まえて、各国の若者政策からのインプリケーションを考えたい。

なお、本書の一章から四章は、独立行政法人労働政策研究・研修機構（二〇〇三年九月まで日本労働研究機構）の研究報告書（『諸外国の若者就業支援政策の展開――イギリスとスウェーデンを中心に』二〇〇三・三、『諸外国の若者就業支援政策の展開――ドイツとアメリカを中心に』二〇〇四・二、『若者就業支援の現状と課題――イギリスにおける支援の展開と日本の若者の実態分析から』二〇〇五・六）におけるそれぞれの担当執筆部分を基にしているが、本書のねらいに沿って各執筆者が大幅に加筆し、推敲したものである。基になった報告書もご参照いただければ幸いである。

また同機構での研究会の立ち上げメンバーで、イギリスおよびスウェーデンの現地調査をご一緒した沖田敏恵さん、ヒュー・ウイッタカさんには、大変多くの教えを受けた。本書につながる研究の扉を開いてくれたお二人にこの場を借りてお礼申し上げたい。

また『フリーターという生き方』以来、勁草書房編集部の町田民世子さんには私どもの報告書によく目を通していただき、今回も多くの人の目に触れるためにはこうした形で出版するほうがいいと勧めてくださった。大変なご助力をいただいたことをあらためて感謝申し上げたい。

二〇〇五年九月五日

小杉　礼子

キャリア教育と就業支援／目　次

はしがき

序章　なぜ若者政策を国際比較するのか

小杉　礼子

1　変化した学校から職業生活への移行

今、わが国の若者たちにとって、就職は大変なハードルになった。「就活」すなわち、就職活動を積極的に展開し、一〇〇を超える企業に応募する積極的な若者もいる。一方、就職先が決まらないまま卒業する若者も、けっして少なくない。

学校卒業時点で、就職も進学も決まらない状態で卒業する者の数は、文部科学省が学校を通じて調べている。その比率は、高卒者でおよそ一〇％、大卒者で二〇数％になる。どちらも増加してきたが、この間に進学率が急に高まっており、全体としての就職の難しさの変化は捉えにくい。そこで、ある年に中学校を卒業した同年齢集団が、中学卒業段階で、さらに、高校卒業段階、短大・専

図序—1　「就職」の枠外で、学校から離れていった者の比率

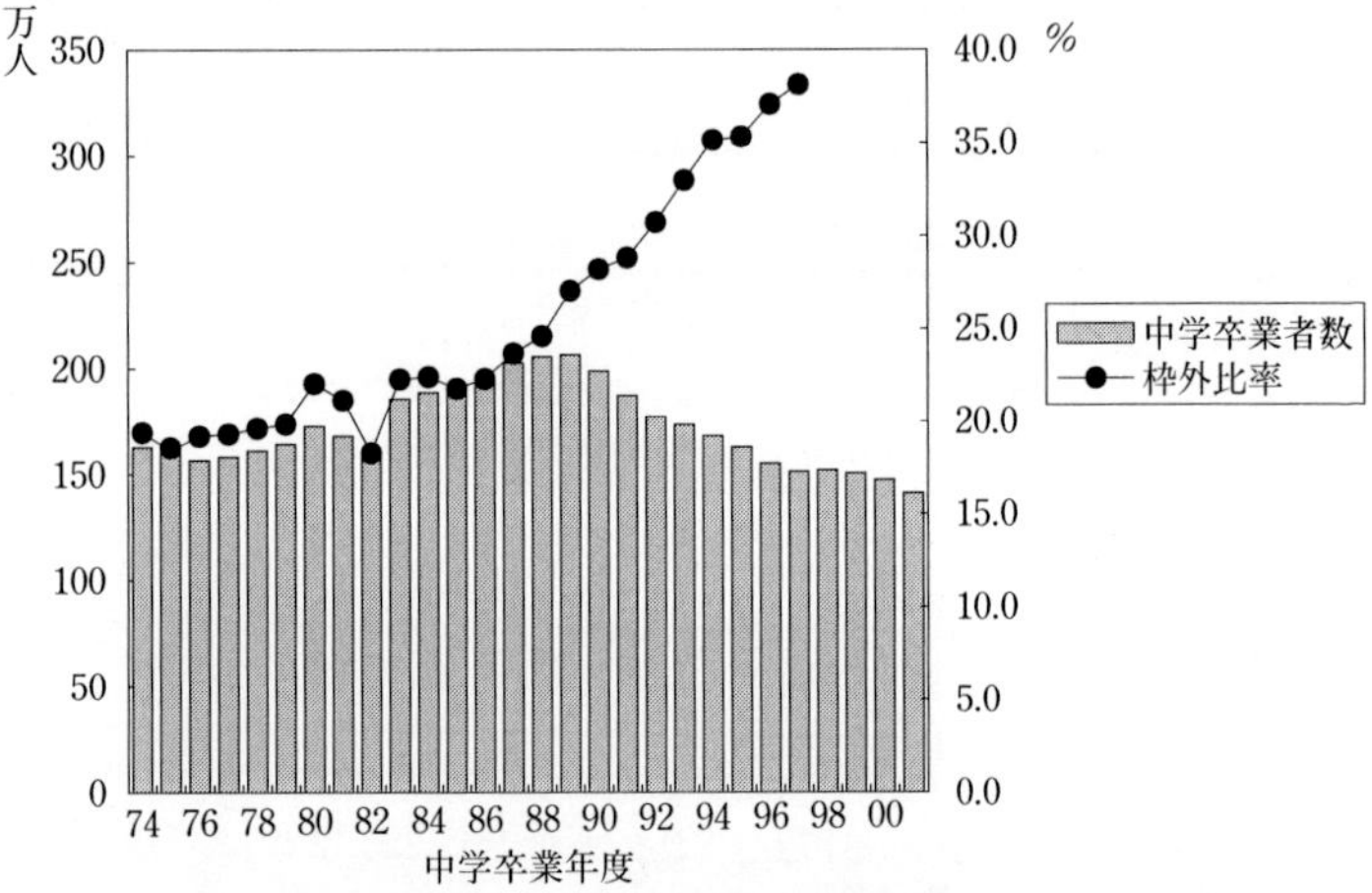

注　枠外者比率＝｛中学卒業者数－（同年中卒就職者数＋３年後高卒就職者＋５年後短大・高専・専門学校就職者数＋７年後大卒就職者数＋７年後大学院進学者＋２年後各種学校準看護・看護卒業者数｝／中学卒業者数×100

門学校、大学卒業段階で、どれだけ新卒者として就職しているかを追ってみたらどうだろう。同一年齢集団のうち新規学卒就職しなかった者の比率の推移を見ることで、全体としての就職の難しさの変化がわかるだろう。

図序—1はそういう発想で、三〇年ほど前に中学を卒業した世代からごく最近の世代まで、学卒就職しなかった人の比率をとってみた（折れ線グラフ部分）。学校から「就職」という形でスムーズに職業生活に入っていない人の比率は、八〇年代末に中学を卒業した世代あたりから急激に増えている。最も新しい世代ではおよそ四割が、「就職」していない。

四割が違う経路をとっているならば、学校を出たら就職するという経路は、ごく普通だとはいえなくなる。これを若者目線から捉えると、もっと変化は大きい。すなわち、高校段階では、学校によって卒業後の進路は大きく異なる。少し前に聞いた事例だが、ある都市部の非進学校では、入学者のうち中退する者が三分の一近く、約三分の二が卒業に至るが、卒業生のうち就職や進学の進路が決まっていたのはその半数程度にすぎないという。この学校の生徒にとっては、普通の経路は「卒業して就職」ではなく、中退や無業・フリーターになることのほうだと言える。

学生から職業人へと変わっていくという意味での職業生活への移行は、その経路が大きく変わり、卒業時の「就職」で移行がすむ若者は大幅に減った。卒業したら就職という移行パターンはすでに「普通」とは言えない。皆が通る一般的な経路が見えなくなったとしたら、若者たちの戸惑いや困難はひどく大きくなるだろう。そしてそうした移行困難な事態は、主に高校段階での分岐点を経て、特定の者にとってはとくに大きな問題となっている。実際、学歴別にフリーター率をとって、フリーターになりやすい度合いを見ると（図序―2）、まず性別で大きく異なるが、これに加えて、学歴での差が著しい。低学歴の者ほどその比率が高く、女性の中学卒業学歴（高校中退者を含む）では約五〇％がフリーターである。これに対して男性の大学・大学院卒では四・五％にすぎず、大きく異なる。また、年齢でいえば一〇代で特に比率が高い。

こうした学歴・年齢による差異は失業率においても同様にあり、その差は拡大傾向にある。あるいは、求職活動をしていないという意味で失業者としてはカウントされない無業者（＝日本型ニート）になる比率を見ても、低学歴の者ほど、また低年齢の者ほど高いという同じ傾向がある。

こうした点から考えると、フリーターやニート・失業者増加の背景には、共通のものがあると考

図序－2　フリーター率（性・年齢・学歴別）

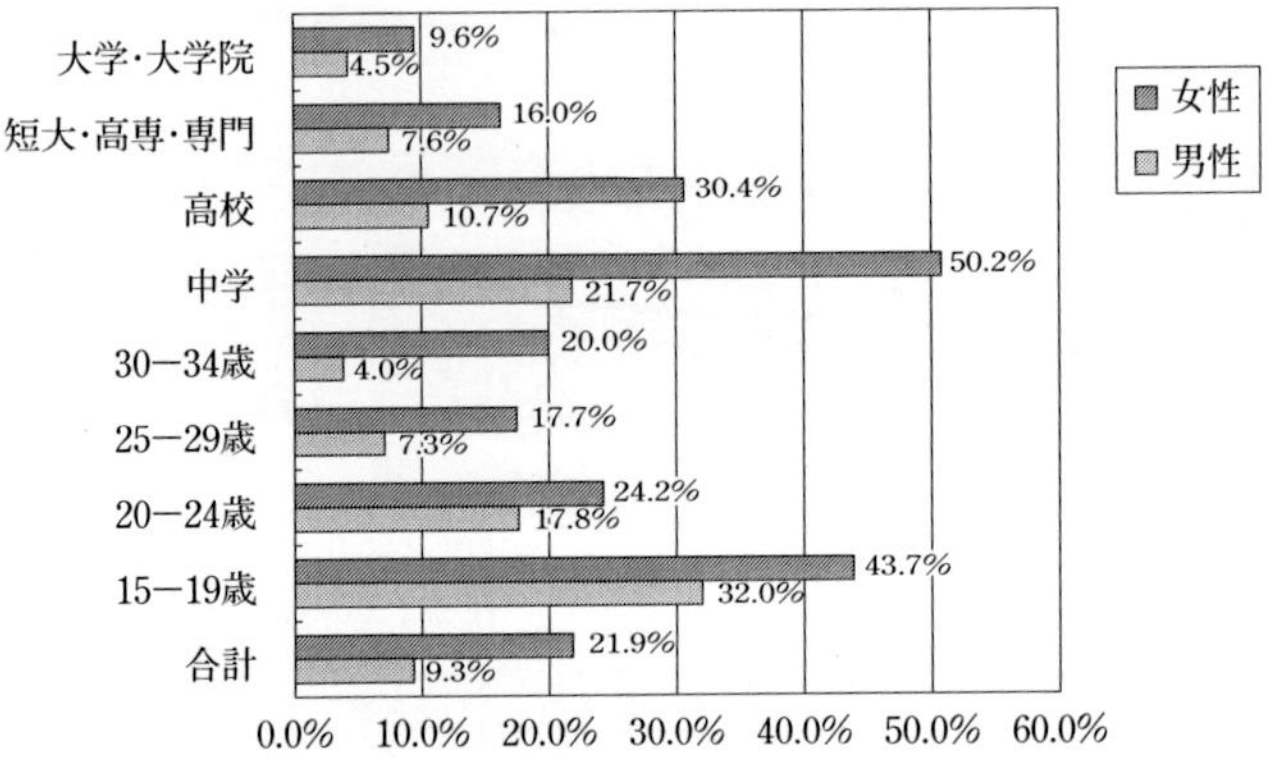

注　フリーター率は、15－34歳、非在学で女性は未婚のもののうち、フリーターをアルバイト・パートで働いているが、無業でアルバイト・パートを希望するものとし、母数を役員を除く雇用者と無業で就業希望のあるものとした比率。
資料出所　労働政策研究・研修機構（2005）『若者就業支援の現状と課題』

えられる。すなわち、産業界が正社員として雇用するのは、より高学歴で一定年齢以上の者であるということである。低学歴、一〇代の若者に対しては正社員としての雇用機会は著しく少なくなっており、そのために、正社員としての職を求めつづければ、失業しつづけることになり、非正社員に雇用口を求めればフリーターとなり、さらに、求職活動をあきらめてしまえば、ニート状態に陥ることになる。

2　労働力需要の変化の背景

企業の新卒採用がこれだけ厳選採用になってしまったのはなぜか。第一には、もちろん景気の低迷があげられる。昨今の明るい兆しは就職状況を改善するだろう。しかし、それだけが要因ではないから、景気回復しても残る問題が出てくる。

新卒採用削減の第二の要因は、雇用慣行の変化である。新規学卒者の採用は正社員採用であり、定年までの長期雇用、いわゆる「終身雇用」であるという認識が、雇うほうにも雇われるほうにもあった。日本型雇用慣行の基本的な特徴として、終身雇用、年功賃金、企業内労働組合の存在が指摘されているが、入口での新規学卒採用もその重要な構成要素である。長期の雇用を前提とするから、可能性の高い労働力としての新卒を採り、社内で能力開発を活発に行なってきた。長期に企業にとどまることが前提だから、それだけの教育投資をすることが企業にとっても合理的だった。それが、日本型雇用慣行自体がそのままでは維持できなくなっており、その適用範囲を狭める一方、短期や有期限の雇用者を増やす方向（＝雇用形態の多様化）にシフトしている。その結果、学卒採用数は大幅に削減され、一方でアルバイトやパートの雇用が増加しているのである。こうした構造変化の下で、新規学卒採用は厳選採用が続いている。

第三の要因は、産業構造の変化である。先進国が他の国々より高い消費生活の水準を保つためには、より付加価値の高い産業に比重を移していかなければならない。そうした高い付加価値を生める産業が必要とするのは、高いレベルの知識・技術を持った労働者である。そこで、専門教育を受けた高等教育卒業者への需要は高まるが、後期中等教育卒、あるいは、それを卒業していないものへの需要は小さくなる。九〇年以降の学卒採用の急激な縮小には、少なくとも上記の三つの要因が働いているだろう。はじめの景気要因が好転しても、残る二つの問題がある。

第二の雇用慣行の変化は日本に特有の問題だが、第三の産業構造の変化は多くの先進諸国で共通して起こったことである。一九七〇年代後半から八〇年代にかけて、多くの先進諸国が若年失業率の上昇を経験しているが、産業構造の変化はその大きな要因となっている。そうしたなかで、日本は若者を失業させなかった。当時、最も多くの若者が学校生活を終えるのは高卒段階であったが、企業はこの若者たちに対して、卒業の半年も前から採用を予約し、全く失業や不安定雇用を経験させることなく、長期の安定的な雇用に吸収した。他の先進諸国と同様に産業構造の変化は進んでいたが、雇用してから企業内で育成するという仕組みが有効に働いていたために、すぐ使える技能や技術を持たないからといって、若者たちを失業させることはなかった。すなわち、日本型雇用慣行が若者たちの失業を防いでいたのである。

しかし、その雇用慣行のほうが大幅な修正を重ねる中で、他の先進諸国と同様に、若くて技能や技術を持たない若者たちを失業させるようになったし、不安定な雇用に回らせることになった。

3

国際比較の意味

今、日本の若年失業率は他の先進諸国のレベルに非常に近い。若者の就業問題については「優等生」とでも言える状態だったものが、普通の水準に変わったといってもいいだろう。こうした状態だから、今、早くから若年失業問題に取り組んできた他の国々の行なってきたことから学ぶことに非常に意味がある。先進諸国型の労働力需要であるという点には、共通項が多いだろう。これにどう教育や就業支援が対応していくかというとらえ方をすれば同じ問題に直面している。

もちろん違いも大きい。これまでの教育の仕組みも内容も、高等教育への進学状況なども大きく異なる。就業支援の仕組みは日本では学校外にはほとんどなかった。また、社会構造も大きく異なる。非常に階層化が進み格差の大きい社会も一方にある。あるいは家族が違う。家族観が違う。文化が異なる。歴史が異なる。

だから他の国で成功した政策をそのままわが国に持ち込んでも有効とは限らない。それぞれの政策が、どういう若者のどういう問題にどう有効に働いたのかを吟味する必要があるだろう。それを学びの過程に加えて、今、他の国々のしてきたことを謙虚に学ぶ意味は十分にあると思う。

八〇年代までの日本がもっていた若者の職業生活への移行の仕組みは、一つの成功体験である。成功体験であるだけに、その後のものの見方に影響を与え、事実を見る目を曇らせてきた。若者の失業問題を直視してこなかったのは、「若ければ仕事はあるはずだ」という八〇年代までの感覚があまりに強かったからだろう。

あるいは、成功体験は美化される。その移行の仕組みとその背後にあった日本型雇用慣行は、完璧だったわけではない。まず、いったんその仕組みから外れた者には、再挑戦のしにくい仕組みだった。さらに、周辺的労働を担い、早期に離職する大量の若者の存在を実は前提にした仕組みだった。若い女性は就職して正社員になってはいたが、結婚退職が当然視された、事実上の短期雇用者だった。強い性別役割分業観に基づく仕組みだった。

これまでのわが国の仕組みとその背後にある文化や歴史や家族を相対化してみることも、国際比較から得られる知見である。次の世代がより生きやすくなる仕組みはどう作ればいいのか、という今の現場の課題へのヒントは、他国のやってきたことそのものと、比較のなかから見つけるわれわれのやってきたことの限定性を打ち破ることにあるのではないだろうか。

第一章　イギリスのキャリア教育と就業支援

梶間　みどり
堀　有喜衣

1　はじめに

イギリス（イングランドを指す）では、学校から職業への円滑な移行を目的とした改革が進められている。そこでは、「第三の道」の理念を基盤とした、自立した市民の育成をめざす社会改革を基軸とした、教育政策と労働政策の結合などが行なわれている。

そこで本章では、イギリスにおける学校から職業への移行に関する政策を概略し、今日イギリスにおいて若年無業者対策として注目されているコネクションズ政策（Connexions）に注目する。どのような背景と経緯で導入されたのか、そして、その政策が学校内及び学校外で具体的にどのように営まれているのかについてまとめる。

まず第二節では、教育政策の視点から、コネクションズ政策に代表される若年無業者対策の取組みが導入された背景と経緯、そしてそこで意図されている理念についてまとめる。次に第三節では、ブレア政権における中等教育及び義務教育修了後に関する教育政策を概観し、学校教育における改革の方向性と学校における取組み（Work related Learning キャリア教育）についてまとめる。第四節では、労働政策の視点から、若年無業者対策を概観し、コネクションズ政策の具体的な内容についてまとめる。そして最後に、イギリスにおける学校内外での取組みから、日本への示唆を提示したい。

2　学校から職業への移行の概要

2—1　イギリスの教育制度の概要

イギリスの義務教育は、五歳から一六歳までの一一年間である。イギリスの子どもは、五歳（四歳からReceptionという準備学級に参加する子どももいる）から六年間の初等学校（Primary School）、五年間の中等学校（Secondary School）に進学する。

イギリスで義務教育を修了することは、中等教育修了資格試験（General Certificate of Secondary Education, GCSE）を受験し、各科目ごとに合格することによって証明される。つまり、日本で言う「○○中学校卒業」という言葉は使用しない。ＧＣＳＥの他、職業資格に対応したＧＮＶＱ試験も

表1−1　イギリスの学校制度と日本の学校制度

年齢	キー・ステージ (KS)		学年	ナショナルカリキュラムのターゲットレベル	試験と試験科目	日本の学校制度
3−4	Foundation					
4−5			Reception			
5−6	KS1		Year 1	Level 1		
6−7			Year 2	Level 2	KS1 test	小学校
7−8	KS2	初等学校	Year 3			
8−9			Year 4	Level 3		
9−10			Year 5			
10−11			Year 6	Level 4	KS2 test	
11−12	KS3		Year 7			
12−13			Year 8			中学校
13−14			Year 9	Level 5−6	KS2 test	
14−15	KS4	中等学校	Year 10			
15−16			Year 11	Level 6−7 Level 8 Exceptional Performance	GCSE National Qualification	高等学校
16−17	6th form	6th form	Year 12			
17−18			Year 13			

ある。現在は、後述するキー・ステージ4の改革のなかで多様化と柔軟化を目的とした試験及び資格制度の見直しが進められている。

中等教育修了後は、高等教育機関などへの進学をめざす生徒は、二年間、あるいは一年間、シックスフォーム（Sixth Form, Sixth Form College）で進学等に必要な科目を勉強し、一年目にAS（Advanced Subsidiary）試験を、二年目にA2試験を受ける。

二〇〇三年現在、義務教育修了後、フルタイムの教育機関に在籍している者は、七二・四％（二〇〇二年　七二・〇％）である。シックスフォームに進学しない者は、職業訓練機関等の継続教育機関に進学したり、就職したりする。あるいは、それらのいずれにも在籍しない「無業者（Not in Education, Employment or Training, NEET）」となる。近年、義務教育修了の時点で、何の資格も取得せず、中等学校を離学する「無業者」が問題となっている。二〇〇三年現在、一六から一八歳の若者の内約九％（約一七、〇〇〇人）が無業者と言われている。

2―2　コネクションズ政策導入の背景

イギリスにおいて、若年無業者対策が政府によって本格的に検討されはじめたのは、一九九〇年代後半からである。その背景には、第一にEUなどの国外及び国際的な若者無業者対策の影響、第二にイギリス国内での若年無業者数の増加がある。

モデルとしてのスウェーデンの取り組み

一九九〇年代後半ヨーロッパでは、若者の社会への「参加」と「自立」をキーワードにしたスウェーデンの包括的青年政策が成果を上げ、注目されていた。スウェーデンではEUの動きに先駆け、一九八一年に*Not for Sale*を政府が発表し、一九九七年から始まる包括的青年政策の土台が形成された。*Not for Sale*では、現在の福祉国家における若者は、生産活動に携わらず社会的に受け身の存在になっており、商業主義的な余暇や文化活動を消費するだけである。若者のこうした変化が、若者の自信喪失や将来への否定的意識を喚起しているという問題を指摘した。その上で、①国家と市場は資本主義的経済とは異なる原理で動く

「第三のコミュニティ」を形成すること、②そしてそのための青年政策の遂行は地方自治体が優先的に取り組むことを提案した。このような提案の根底には、若者をビジョンの形成や制度づくりに参加させ、自分の関与で社会は動くという体験をさせることにより若者の自信を回復させることが社会の活性化につながり、スウェーデンがめざす福祉国家を実現するという認識がある。

この文書を受けてスウェーデンでは、教育改革においても、少人数学級や双方向授業、プロジェクト学習などを積極的に導入し、批判的思考や創造性を養い、発言力を育成する教育が進められている。また同時に、地域と連携し、「社会」を実体験する教育も重視している。

スウェーデン政府は、これらの改革の成果を調査分析し、一九九七年に包括的青年政策を確立させた。この政策では次の三つの目標が掲げられた。第一に、若者の自立である。国家や社会の役割は、若者が自立できるように支援することとされた。第二に、社会への参加の保障である。これは、若者の発言の機会と社会的な意思決定への参画を保障することを意味する。第三に、若者の参加を社会的資源として活用することである。この目標を実現することにより、若者は自信を取り戻し、将来を担う人材として成長し、実社会で活躍できる。そして、これらの活動は、地方自治体が中心となり、国、企業、地域、民間団体などが連携協力して行なうことが重要であるとされた。

国際的な若年無業者対策の影響

ＥＵでは、一九九七年一一月にヨーロッパ雇用サミット（Jobs Summit）をルクセンブルグで開催した。そこでは、ＥＵ各国での若年無業者の問題が取り上げられ、ＥＵの経済的な発展と安定のためには、各国における若年無業者への対策の必要性が指摘された。そこで、「失業六ヵ月以内にすべての若者に職業訓練や職業指導を与えること」という指針が採択され、EU加盟国に若者向けの自立支援プログラムの実践などが義務づけられた。

このようなヨーロッパの動きだけでなく、一九九〇年代後半から世界的に若年無業者の問題が広まっていた。G8では、デトロイト（一九九四年）、リール（一九九六年）、神戸（一九九七年）、ロンドン（一九九八年）で「成長と雇用に関するG8会合」を開催していた。これらの成果を受け、一九九七年六月のデンバーサミットにおいて、イギリスがイニシアティブを取り、「成長、雇用可能性（Employability）、統合（Inclusion）の問題について議論すべき」であると提案した。そして提言の七原則の中に、「若年失業者、長期失業者など労働市場から排除されている者が積極的に仕事を探し、自分にあった雇用を見つけることを可能にするような税／給付制度の改革」や、「生涯学習を奨励し、雇用可能性の改善を図る」などの項目を盛り込んだ。

そして、一九九九年のケルンサミットにおいて、サミット史上初めての教育に特化した『ケルン憲章：生涯学習の目的と希望』を発表した。さらに、サミットのまとめとして発表されたコミュニケに次の文言を盛り込み、各国の取り組みと、各国の取り組みを支援する国際的なネットワークの構築の重要性を指摘している。

基礎教育、職業訓練、学位、労働市場にあった技能や知識の生涯を通じた向上及び革新的思考の開発への支援は、知識重視社会に向かいつつある今日、経済・技術進歩を実現する上で重要である。これらはまた、個人を豊かにし、社会的な責任感と参加意識を醸成する。これらの目標の達成を支援するため、我々は、ケルン憲章に規定されている目的及び希望を追求することに合意する。

イギリス国内における若年層の変容

一九九八年当時、イギリスにおける一六―一八歳の無業者（義務教育修了後に高等教育機関、継続教育機関、職業訓練機関のいずれにも在籍せず、就職もしていない若者）が約一六一、〇〇〇人（約九％）いた。このことに対してブレア首相は、「省庁が共同して、どのくらいの数の一六―一八歳の子どもが、就学も仕事もせず、訓練も受けずにいるのかを明らかにし、その理由は何かを分析し、劇的にその数を減らす計画を立案しなければならない」と演説した。このことが契機となり、若年無業者対策が本格的に検討されはじめる。

イギリスの学校では、勤労体験やキャリア教育、経済教育など多様な教育活動を通して、職業意識や市民意識の育成の機会や、職業に関する知識や技能の修得の機会を提供している。しかし、若年無業者の増加傾向は改善されていなかった。その理由として、学校教育を離れた者や教育活動に不適応を起こした者に対する対応が不十分であること、学校と学校外の関係機関との連携協力が不十分である点などが指摘された。

また一方で、縦割り行政の問題も指摘された。若年無業者の問題は、福祉や保健、警察など多様な機関と関係する問題である。各機関はそれぞれ対策を立てて活動していたが、機関間の連絡や連携が十分に行なわれておらず、支援から取り残されたり、重複して支援を受けているなどの実態があった。そのため、支援を必要としているすべての若者が効果的に支援を受けられる、受け手側の立場に立った行政活動の仕組みが必要だったのである。

これらの課題を解決するために、個々人のニーズに合致した広範できめ細かな対策と、総合的な支援体制の整備を目指す改革案が検討された。その一つが、本章で取り上げるコネクションズ政策である。

2―3　コネクションズ政策導入の経緯

教育雇用省（Department for Education and Employment, DfEE 当時）は、一九九八年二月に緑書 *The Learning Age* を発表した。この中で、一六歳以降の学習システムの構築に向けた国家ビジョンとして次の四項目が提示されている。

・個々人の可能性を最大限に伸張するとともに、企業を繁栄させること
・競争的環境を用意し、今後の経済の発展を十分に保障すること
・家族との強い結びつきや、地域において社会への参加意欲を育むことにより、社会的統合を実現すること
・学習における創造性、起業心、意欲を育むこと

この緑書を受け、一九九九年六月に発表された白書 *Learning to Succeed* では、一〇項目にわた

る教育政策と労働政策の接続性を重視した基本方針を示した。

・個人と雇用者のニーズに答えること
・労働市場の要求に合致した技能を習得することにより、個人の「雇用可能性」を促進すること
・ワールドクラスな企業となるために、個々の被雇用者の育成と全体的な労働力の発展を目指す雇用者を支援すること
・最も不利益を被っている人々への支援を保障すること
・機会均等を保障すること
・一六―一九歳の若者の学習する権利を保障すること
・卓越した質の高いサービスを提供すること
・参加率、残留率を最大限に向上させて、成果をあげ、二〇〇二年までに「National Learning Target」を達成すること
・官僚主義を排除すること
・最大限の効果とバリュー・フォー・マネーを確保すること

この方針に沿った政策を進めるために、学習・技能委員会（Learning and Skills Council, LSC）が、義務教育後から生涯にわたる学習と職業訓練に関する環境整備を総合的に担う組織として、二〇〇一年四月に創設された。これは、それまでの継続教育財政委員会（Further Education Funding Council）と、七二ヵ所の訓練と起業意識育成委員会（Training and Enterprise Councils）を再編した、Non

Departmental Public Body な組織である。

この組織の目的は、学習者本意の質の高い教育と訓練の機会を提供することを通して、学習訓練機会への参加率と個々人の能力の向上を図ることである。活動領域は、継続教育、職業訓練と若者、シックスフォーム、労働力の向上、成人学習と地域学習、成人への情報・助言・ガイダンスの提供、教育と産業の連携など多岐にわたっている。本部をコベントリーに置き、全国四七ヵ所に地方事務所を配置している。

また、二〇〇一年六月の省庁再編では、それまでの教育雇用省から教育技能省（Department for Education and Skills, DfES）に省庁名を変更した。これは、従来の学校教育と雇用の接続を重視する路線を継続しつつ、より具体的な技能の開発や習得という職業訓練の側面を重視し、学校教育と職業の接続性の成果をあげることをめざした改編であると考えられる。

2―4　コネクションズ政策の理念

このようななかで、若年無業者対策として導入されたものが、コネクションズ政策である。コネクションズ政策は、一三―一九歳までのすべての若者を対象にした多面的で総合的な自立支援サービスである。これは、二〇〇〇年からパイロット事業が開始され、二〇〇一年四月から本格実施された。その目的は第一に、すべての若者が最も良い人生のスタートをきることができるように支援すること。第二に、若者が正しい人生選択と教育及びキャリア選択ができるように支援することである。この目的を遂行するために四つのテーマが設定されている。
・柔軟な教育課程の編成
・学校、カレッジ、就労しながらの学習における質の高い教育の保障
・学習への財政的支援の目標設定
・情報、助言、支援、ガイダンス
このテーマに基づいて活動を決定する際の方針として、次の八項目が規定されている。
・期待を高くし、将来への希望を向上させること
・個々人のニーズに対応し、学習への障害を排除すること
・若者の立場に立って行動すること
・社会的統合（若者が学習や社会との関係を維持できるようにする）を図ること
・（多様な）パートナーシップを形成すること
・コミュニティ（地域を巻き込み、新たな隣人関係を築く）を形成すること
・機会均等を保障すること
・「何をしたいのか」という実践に基づいて成果を示すこと
すなわち、コネクションズ政策は、情報提供、アドバイスの提供、そして、居場所の提供をすることを通して、職業意識を啓発し、市民性を育成し、社会との関係を維持させて、自立した個人を育成することを目指した取り組みであると言うことができる。コネクションズ政策の詳細について

は、四節で詳しく述べる。

3 教育政策と学校における取組み

3―1 第二期ブレア政権の中等教育及び義務教育修了後に関する教育政策

二〇〇一年の選挙で勝利し、二期目に入ったブレア政権は、教育政策を政権の最優先課題として維持しつつも、その内容を、初等教育から中等教育及び義務教育修了後の教育・訓練に力点を移す教育政策の転換を図っている。

二〇〇一年六月に、緑書 *Schools : Building on Succes* を公表し、中等教育について七つの目標を掲げた。

・多様性と自律性を促進させる
・中等教育の初期段階での水準向上を図る
・個人の能力、希望に沿った教育システムを構築する
・挑戦的な学校を支援する
・問題状況の解決に取り組む
・機会均等を保障する
・学ぶ意欲を育成する

緑書の発表後、学校関係者、訓練機関の関係者など様々な関係者の意見を踏まえ、白書 *School : achieving success* が二〇〇一年一一月に発表された。この中で、「一四―一九」という考えを提示した。これは、第二期ブレア政権における教育政策のターゲットを、一四歳から一九歳の若年者層におくことを示している。その上で、「多様化」をキーワードに、三つの重点課題を提示した。第一に、教科の多様化を図ることである。これは、アカデミックな教科と職業資格関係の教科との結合を図ることやそれぞれの教科の関係を見直すことをめざしている。第二に、カリキュラムの多様化を図ることである。これは、生徒の能力と希望を取り込んだカリキュラムの開発をめざすものである。第三に、資格の多様化を図ることである。これは、職業資格の見直しと高等教育への進学ルートの多様化、柔軟化を図ることである。

二〇〇三年一月には、政策文書 *14-19 : opportunity and excellence* を発表し、一四歳から一九歳の若者に対する政策のビジョンとして、次の七項目を示した。

・多様化の保障
・興味関心の保障
・移動機会の保障
・生涯にわたる卓越した技能の習得
・社会的不平等の排除
・多様な学習機会の提供

・学校と大学のパートナーシップ

そして、このビジョンに基づき、六つの提案を掲げている。

・柔軟性と機会の多様性を確保するカリキュラムの改編

・職業資格の改善

・教授・学習の一貫性と卓越性の確保

・地域革新とパートナーシップの強調

・地方での事業提供の支援

・「少年よ、大志を抱け」の理念の提示

二〇〇三年七月に白書 *21st Century Skills : Realising Our Potential* が発表された。これは、教育技能省と、貿易産業省、労働・年金省、財務省が合同で作成し、発表した白書である。若年者だけでなく、これから二一世紀において成人に求められる技能と、その育成のための教育・訓練のあり方についてまとめたものである。ここでは、成人の基礎技能の向上に重点が置かれている。その目的として、第一に一定水準の技能を有しない成人への無償の教育・訓練機会の提供、第二に若年者職場体験プログラムの年齢制限の撤廃、第三に個人及び事業主の双方に対する教育・訓練関連情報や助言の拡充を掲げている。

具体的な提案施策としては、次のようなものが提示された。例えば、ＧＣＳＥの五科目でＣ以上を有しない成人への同レベルの資格取得のための教育・訓練の無償提供、継続教育機関に就学中の成人でレベル2または3を目標としている者への奨学金（週三〇ポンド）の提供、義務教育後の職場訓練プログラムの対象年齢枠（一六～二四歳）の撤廃、学習及び訓練情報・助言サービスの拡充などである。

二〇〇四年七月に教育技能省は、二〇〇四年から二〇〇八年までの五ヵ年にわたる教育政策の基本方針を示した *Department for Education and Skills : Five Year Strategy for Children and Learners* を発表した。五ヵ年の教育政策の目標として、「すべての若者が職業能力を備え、生涯学習を行ない、よりよき『成人』となること」を掲げた。そのための具体的な基本方針として、次の八項目を掲げている。

・広範で高水準の事業をすべての若者に提供すること
・職業資格を改善すること
・生涯就労するために必要な技能をすべての若者が獲得すること
・高い能力の若者には、世界水準の教育を提供すること
・学校、カレッジ、職業訓練機関などが柔軟な連携関係を構築すること
・義務教育修了後の教育機関は多様な選択肢を提供すること
・最善の意思決定と積極的な活動を導く高水準の助言と情報を提供すること
・よりよき「成人」になる準備をすべての若者に提供すること

二〇〇三年一月の政策文書の提案事項を検討するために設置された検討委員会（The Working

Group on 14-19 Reform 通称「トムリンソン委員会」）は、二〇〇四年一〇月に最終報告書を公表した。同報告書では、次の六項目が提言された。第一に、現行の一四歳から一九歳の資格を、入門（entry）、基礎（foundation）、中級（intermediate）、上級（advanced）の四段階からなる統一的なディプロマに置き換えることである。第二に、新しいディプロマによる学習プログラムは中核領域と主領域[1]から構成されることである。第三に、職業教育プログラムの改善を図ることである。第四に、資格審査における教員評価を重視することである。第五に、各レベルの評定においては、内容の性質に応じて、合否評価、四段階評価、八段階評価のいずれかを基礎とし、三種類の評価が比較可能なものにすることである。第六に、各ディプロマ間の関係に留意し、同一レベル間の移動、上級レベルへの進級を容易にすることである。

　トムリンソン委員会の最終報告書が公表された翌年の二〇〇五年二月に、同報告書の方向転換を示す、白書 *14-19 Education and Skills* が教育技能省から発表された。同白書では、今後一〇年間で、一七歳時点での就学状況を七五％から九〇％以上に改善する、基礎的な読み書き計算の能力の向上を図るなどの目標が掲げられた。その目標達成のために、GCSEやGCEのAレベル試験を存続させ、GCSEにおける英語と数学を改良すること。一般ディプロマと専門ディプロマ（三段階）を導入することなどの具体的な事項を提案している。

　現在イギリスでは、学校と職業の接続を意識した試験制度及び資格制度の改革、そしてカリキュラム改革が進められている。しかしその実態は、トムリンソン委員会の報告書の公表直後に出された白書でその方向性が転換されたことに象徴されるように、混乱している側面があると言える。しかしその根底にある考え方は第一に、アカデミックと職業系の教育の見直しを図り、職業資格の多様化と高度化を図ること。第二に、進路選択と機会の多様化と柔軟化を図ること。第三に、多様性と柔軟性を備えたカリキュラムを開発すること。第四に、学習の場の多様化と接続連携の充実を図ること。第五に、個別のニーズに対応した支援体制の整備を図ること。第六に、「生涯」という視点からの発想で改革を進めることとまとめることができる。このような改革の中で、生徒の多様なニーズに合致した柔軟性のある教育活動が展開されることが期待されている。その活動を支援していく活動としてコネクションズ政策がより重要となっていくのである。

3―2　キー・ステージ4の教育課程の改編の特徴

イギリスの学校では、現在の改革以前から、職場体験（Work Experience）、キャリアガイダンス、キャリア教育、クロスカリキュラ（経済教育、キャリア教育、健康教育、市民性教育、環境教育という五つのテーマ）などにおいて、職業意識の喚起やキャリアに関する教育を実施していた。

・職場体験

　第一〇学年の夏学期から第一一学年修了までに全生徒が一定期間（おおむね二週間）、職場での勤労体験を経験する。

・キャリアガイダンス、キャリア教育

勤労体験学習の中心的内容。九〜一一歳の児童に対してこれらの機会を提供する義務を学校が負っている。

・クロスカリキュラと市民性教育（citizenship education）

市民性教育は従来はクロスカリキュラの一テーマであった。二〇〇二年からの全国共通教育課程において教科として独立した。中等学校では必修。習得すべき内容は、社会的・道徳的責任、地域への参加意識、政治に関する知識である。

しかし、中等教育における多様化と柔軟化の改革の方向性の中で、アカデミックな教科と職業系教科の教育及び資格の拡充整備が図られている。このような改革の流れに基づき、キー・ステージ4（以下「KS4」と略す）の教育課程が改編された。

改編の目的は、より多くの「柔軟性」と「選択性」を生徒に与えるためである。これにより、各学校は、生徒に対して、学習と雇用のための学習と経験の重要な要素を提供することが可能となる。二〇〇三年一月の政策文書 *14-19 : opportunity and excellence* の中で、KS4の新たな目的として、次の三点が提示された。

・生徒の能力がどのようなものでもすべての生徒に挑戦すること
・生徒の学習・訓練への動機づけを高め、成績を上げるために、教育課程に柔軟性を持たせること
・各生徒に適したプログラムを提供するために、関係者が協同して活動すること

この提言に基づきＫＳ４の教育課程は改編された。その特徴は、次の五点にまとめることができる。第一に、広範でバランスのとれた教育課程である。その根底には、ＫＳ４は義務教育段階であることを考慮するという考え方がある。第二に、柔軟性と選択性があることである。第三に、一貫性と進行性があることである。学習における一貫性があると同時に、その後の学習及び訓練へ結びつくことが重視されている。第四に、協働とパートナーシップを重視することである。特にここでは、地域レベルでの協働関係の構築を重視している。第五に、一四歳から一九歳という文脈で考えていることである。

二〇〇四年九月に提示された具体的な変更点は、次の通りである。

・新たな理科（science）の導入
・デザイン技術（design and technology）と現代外国語（modern foreign language）は必修科目から削除
・Entitlement curriculum の領域の導入（美術、技術、人文科学、現代外国語を包括的に行なうもの）
・Work related Learning の導入

これらの内容は二〇〇六年までに実行されることが要求されている。Work related Learning は二〇〇四年から法的に開始され、Entitlement curriculum の領域も二〇〇四年に導入された。そのほか、カリキュラム上の免除規定については、技術と現代外国語は二〇〇四年から、理科については、二〇〇六年から実行される。

この結果、ＫＳ４で法的に規定されている教育課程は次の通りとなる。

・英語　　　　　　　　　　・市民性教育
・数学　　　　　　　　　　・宗教教育
・理科　　　　　　　　　　・性教育
・情報技術（ＩＣＴ）　・キャリア教育
・体育　　　　　　　　　　・Work related Learning

英語と数学のみが、必修科目である。理科については、二〇〇六年からは、履修することが望ましいが全生徒にとっての必修科目ではなくなる。「Work related Learning」は全生徒が法的に履修しなければならない教育課程の構成要素に含まれている。しかしこれは、新たな教育課程の時間を設定するのではなく、各教科間の横断的・縦断的な教育課程の編成を行なうことを意味している。

3—3　Work related Learning について

Work related Learning は、雇用についての知識と技能、理解を習得させるための活動である。地方教育当局（Local Education Authority, LEA）、学校理事会（School Governing Body）、校長に対して、資格・カリキュラム委員会（Qualification Curriculum Authority, QCA）の作成した指針を考慮して実行することが要求されている。各学校は、すべての生徒に対して、この授業を提供しなければならない。そしてこの活動を通して、すべての生徒が、働くと言うことについて、そして職場について学習し、事業や雇用に関する技能を発展させることが期待されている。これまでもイギリスの学校では、勤労体験（work experience）が行なわれていた。これは、職場体験学習として中等教育において重要な役割を果たしてきた。しかし、それはあくまでパートタイム的なものであったため、より総合的な職場体験が重要であるということから、新たにWork related Learningが導入されたのである。

Work related Learningとは、勤労体験を通しての学習や、就労や職場についての学習、働くための技能の習得を含む「働く」ということに必要な知識、技能、理解を開発するために「働く」という文脈を活用して計画された活動である。すなわち、職場体験をし、就労や職場について学習し、働くための技能を習得することを目的とした教科横断的な活動ととらえることができる。すべての教科が、「働く」ということを学習するというコンセプトを有している。それらを総合的に関連させることがWork related Learningの時間には要求される。たとえば、次のような教育課程を活用して行なわれる。

・GCSE、特に職業系の科目
・訓練機関やカレッジが提供するコース
・雇用者も参加し拡大されたWork related Learningプログラム
・キャリア教育とガイダンス
・PSHE（Personal Social and Health Education）

・市民性教育
・Industry day や会議のような日程が決められている行事
・ビジネスメンター、学習支援のような教科外活動
・勤労体験やミニ起業体験のような労働と関係した活動

これらの活動は、①働くことから学ぶ（learn through work）、②働くことについて学ぶ（learn about work）、③働くことのために学ぶ（learn for work）という三つの視点を持って実施される。

①働くことから学ぶ
・生徒に、直接的な勤労体験をさせる
・すべての教科が関連するが、英語、理科、キャリア教育、市民性教育が特に関連する
・例えば、勤労体験（work experience）、アルバイト、学校における企業経営活動、職業系の教科などを学習する

②働くことについて学ぶ
・生徒に、働くことや起業についての知識を与え、理解をさせる
・経済や産業について理解をし、知識と理解、技能、態度を身につけることが求められる。そのために、全生徒が、経営、雇用者及び被雇用者の役割や権利、責任について学ぶことが求められる
・例えば、職業系コースの学習、キャリア教育などを学習する

③働くことのために学ぶ

・生徒に、起業や雇用可能性に関する技能を向上させる
・起業家精神、財務能力、経済やビジネスに関する理解が重要となる
・六つの重要技能として、コミュニケーション能力、数学的応用力、情報処理・活用能力、問題解決能力、協調性、自己向上力が必要となる
・例えば、問題解決活動、シミュレーション活動、模擬面接などを行なう

Work related Learning は、次の九つの要素から構成されている。

・起業や雇用可能性のための能力を確定し、開発し、応用する
・働くことについての理解を促進させるために、勤労体験やアルバイトの経験を含む働く経験を活用する
・企業経営の方法、労働の役割と条件、職場での権利と責任について学習する
・地域レベル及び国家レベルでの労働機会の広がりと多様性についての意識を発展させる
・自分の能力、特性、成績とキャリア意識を結びつけ、代替案の理解に基礎をおいた選択をする
・労働状況を想定した課題や活動に取り組む
・異なる業績の個人との関係から学ぶ
・（直接または間接に）労働訓練や環境を経験する
・労働界からのアイディア、チャレンジ、申請書を約束する

各学校は、自校の責任において、これらの要素の内から、自校の生徒のニーズにあった活動を計画しなければならない。そのため、資格・カリキュラム委員会（QCA）が中心となり、専用のホームページを開設し、事例や教材、支援プログラムを提供するサービスを開始している。

Work related Learning は、教科横断的な活動である。そのため、学校内での調整を行なうことが重要となる。そこで各学校では、次の点に留意することが期待されている。

・全生徒に適切な活動が提供できるように管理職が責任を持つこと
・Work related Learning のコーディネートの責任を負う教員を任命すること
・教職員に校内研修の時間を確保すること
・最低限の活動時間を行なう予算を管理すること
・活動や成果を含む Work related Learning の方針を評価し、更新すること
・学校発展計画に Work related Learning について盛り込むこと
・学校への支援のあり方について地域の支援組織と協議すること
・適切な活動を提供することを支援できる他の学校やカレッジとの協働の在り方について検討すること

そして各学校が適切な活動を計画し、実行できるように、地域レベル及び全国レベルでの支援組織（Education Business Link Organisations, EBLOs）が組織されている。EBLOs は次のような活動を展開し、各学校を支援する。

・良い実践事例を提供する
・雇用者や訓練提供者の問い合わせ情報を提供する
・労働環境の健康及び安全面について調査する
・財源面でのアドバイスを行なう
・教員への職能発達の場所を提供する
・キー・スキル習得のための教材を提供する
・勤労体験を行なう生徒への観察及び支援を補助する

各学校は、EBLOs 以外にも、地方教育当局のアドバイザーやコネクションズ・パートナーシップからの支援を受けることができる。また、地元の産業界との協働関係をもつことにより、より一層の活動の充実を図ることが期待されている。

Work related Learning の活動の学習成果は、法的には評価する必要がない。しかし、GCSEや他の資格に関連することもあるため、活動の成果は、Progress File などに記録しておくことが求められている。

3—4　キャリア教育について

キャリアの形成に関するプログラムには、二つの側面がある。第一はキャリア教育である。キャリア教育とは、若者が正しい人生選択をし、学びの世界から働く世界へ円滑に移行するのに必要な知識や技能を発展させることを助ける活動である。第二はキャリアガイダンスである。キャリアガイダンスとは、若者が、彼らにとって正しいと思う学習や働くことについての意志決定をさせる知識や技能を活用できるようにする活動である。これら両側面が相互に関係し、補完関係を持つことにより、効果的なキャリア形成のプログラムが構築されるのである。

効果的なキャリア形成のプログラムを提供することにより、第一に、若者に動機づけを与え、成績を向上させることができる。第二に、教育の機会均等を保証し、社会的統合を促すことができる。第三に、継続教育や高等教育への参加意欲を高めることができる。第四に、起業意識や雇用可能性を高めることができる。第五に、教育から訓練への移行における離脱者を減らすことができる。第六に、個々人及び地域全体の経済的な繁栄に寄与することができるなどの効果があるとされている。

イギリスでは、中等教育学校の後半のＫＳ４においては、従来からキャリア教育が実施されていた。例えば、ロンドン郊外の Sedgehill School（中等学校）では、キャリア教育の初年次である第一〇学年のカリキュラムとして、表1―2のようなカリキュラムが組まれている。同校は、約六割の生徒が継続教育機関に進学し、その他は、就職や work-based training などのコースに進み、約二％の生徒が修了後の進路が決まっていない者で、無業者の予備軍になっているという特徴を持った学校である。

同校では第一〇学年に勤労体験を実施することから、秋学期及び春学期においてそのための準備を兼ねた内容を提供する。特に春学期においては、勤労体験において重要な健康と安全について重

表1－2　Sedgehill Schoolの第10学年におけるキャリア教育

	秋学期	春学期	夏学期
1	学校から労働へ	健康と安全について（ワークシートの活動）	勤労体験の評価
2	キー・スキルと目標設定	健康と安全について（ビデオ鑑賞と事件報告）	給与袋について
3	キー・スキル	健康と安全について（試験）	税金について（ビデオ鑑賞と議論）
4	コミュニケーション・スキル	機会均等	国民保険について（ビデオ鑑賞）
5	コミュニケーション・スキルの実践	勤労体験（work experience）の予測	コネクションズ
6	コミュニケーション・スキル	勤労体験（活動記録とビデオ）	
7	積極的な態度の育成		

点的に学習する構成となっている。また、勤労体験を終えた夏学期には、勤労体験において経験してきた具体的な事項（給与袋、税金、保険など）を題材として学習を深める。第一一学年では、秋学期に自分のキャリア計画を立てさせ、春学期に、履歴書や応募用紙の書き方、面接など具体的な活動について学習する計画となっている。

キャリア教育の効果を高め、より円滑な学校教育から職業への接続を図り、就労意欲や目的意識を高めるためには、早期からの継続的で包括的なキャリア教育が重要であるということから、二〇〇四年九月から、中等教育学校入学当初である一一歳からのキャリア教育導入が提示された。導入にあたって、KS3及び、KS4、一六歳以後（義務教育以後）のそれぞれにおけるキャリア教育のフレームワークが提示された。そこでは、キャリア教育の目的として次の三点を提示している。

①自己啓発（Self Development）：自分を知り、自己に影響を与え、変革を図ること
②キャリア探求（Career Exploration）：学習と労働の機会について調べること
③キャリア・マネジメント（Career Management）：変化と変動をコントロールするための計画を立て、調整すること

具体的な活動内容は、各学校の状況や生徒のニーズに応じて調整し、変更する。その際、キャリア・コーディネーターが中心的な役割を果たすが、特別支援教育担当コーディネーター（Special educational needs coordinators, SENCOs）や才能児教育担当コーディネーターも重要な支援の役割を果たす必要があるとされている。また、コネクションズ・パートナーシップスから、カリキュラムの立案や教材開発、教員研修などの分野における支援を受けることも重視されている。

イギリスの学校には、生徒の自己形成を図り、職業意識を高めて、学校教育と職業界との円滑な接続を図る取り組みは、キャリア教育だけでなく、PSHE、市民性教育、財務能力形成（Financial capability）など多様な取り組みがある。また二〇〇四年からは、Work related learning が導入され、さらに複雑多岐にわたっている。

今後は、関連する多様な教科科目の相互の関連性を明確化し、重複をなくし、相互に有機的に関連させて取り組むことが重要である。（1〜3節　梶間　みどり）

4　労働政策から移行政策へ

4―1　イギリスの労働政策の流れ

イギリスにおいて本格的に若者に対する労働政策が開始されたのは、一九八〇年代前半のことである。この背景には一九七〇年代より製造業の雇用が縮小し、また徒弟制度も衰退したため、低学歴の若者に対する需要が大きく落ち込み、若年失業率が上昇したことがあった。

このためイギリス政府は、一九八三年にYouth Training Scheme (YTS)、一九九一年にYouth Training (YT) などの大規模な職業訓練計画を策定し、失業手当の給付などの政策を実施してきた。しかし政府の訓練計画を修了しても就職は難しかったため、訓練を離脱、回避する若者は少なくなかった。徒弟制度は一九九三年にModern Apprenticeshipとして再編されたが、若者の職業訓練計画は頻繁にプログラムが誕生し消滅するという、「絶え間ない改革」が続いた。また若者に対する金銭的な援助はサッチャー政権下で大幅にカットされたが、失業率は改善されなかったため、新たな施策が模索されていた。

こうした状況の中で九八年にブレア政権が導入したのが、若者を「福祉から就労へ」移行させることをめざした「若年者向けニューディール政策」(以下NDYPと略) である。NDYPの対象となるのは、六ヵ月以上失業中で、求職者給付 (失業手当) を受けている一八－二四歳のすべての若年者であり、ＮＤＹＰに参加しなければ求職者給付が減額、停止される。

ＮＤＹＰの特徴は、パーソナルアドバイザー（以下ＰＡと略）による、個人に配慮した継続的な支援サービスが行なわれる点にある。第一段階では、ＰＡとの就職相談と集中的な求職支援サービスを受ける。仕事を見つけられなかった場合は第二段階に進み、①助成金つきの就職、②ボランティアセクターでの就労、③公的環境保護事業での就労、④フルタイムの教育や訓練、⑤自営業をはじめる、のいずれかに参加することが義務となる。第三段階は、フォロースルーと呼ばれている。ＮＤＹＰにより、若年失業率は全体の失業率に比べても大幅に低下した。しかしこうした効果は好景気の反映にすぎないという指摘がなされている。また若者支援について質的な調査研究を進めている研究者たちは、ＮＤＹＰのように就業に対する働きかけに絞り込んだ政策は、就業に至るまでに様々な面で障害を抱えている若者に対する有効な支援とはならず、もっとも不利な立場に置かれた若者がＮＤＹＰから離脱したり、回避するという結果を招いたことを強調した。

こうした若者就業支援の経験が浮きぼりにした課題は、第一に、若者が支援を利用するのを待つという姿勢を改め、支援を必要としている若者がどこにいるかを支援側が把握し、働きかけること、第二に、支援機関のネットワーク化を行ない、就業だけではない様々な面からの包括的・統合的アプローチを行なうこと、第三に、若者が無業の状態を経験する以前に無業化を予防すること、第四に、若者に利用される支援とするために若者の意見に基づいて支援を行なうこと、の諸点にまとめられる。

次に見るコネクションズは、二、三節で述べたような教育政策上の問題だけでなく、こうした労働政策上の課題にも答えるために誕生した。本節では、コネクションズの運営の仕組みや支援の特徴、支援の質を保つための監査の方法や監査結果について説明し、現在のコネクションズの現状と課題について明らかにする。

4―2　コネクションズ（Connexions）の運営の仕組み

コネクションズは、若者に人生のよりよいスタートをきってもらうために、一三‐一九歳のすべての若者を対象として提供される包括的・統合的支援である。二〇〇一年から一二ヵ所でパイロット事業が開始され、現在はイングランドの四七地域に設置されている。コネクションズの主な活動は、学校における情報提供・ガイダンスと、学校を離れたあとでも若者の進路を把握しつづけ、適切なサービスを提供することである（詳しくは次項参照）。

コネクションズはどのように運営されているのだろうか。コネクションズの運営主体は、コネクションズ・パートナーシップ（Connexions Partnerships 以下、パートナーシップと略す）であり、地域に設置されている。パートナーシップにはコネクションズの最高意志決定機関として、コネクションズ・パートナーシップ・ボードが置かれる。ボードのメンバーはパートナーシップへの参加機関と重なっており、地方自治体の責任者や地域で活動するＮＰＯ、雇用者、学校などの地域の機関の責任者および若者の代表（ユース・ボードの代表者）から構成されている。

図1—1　コネクションズの組織図

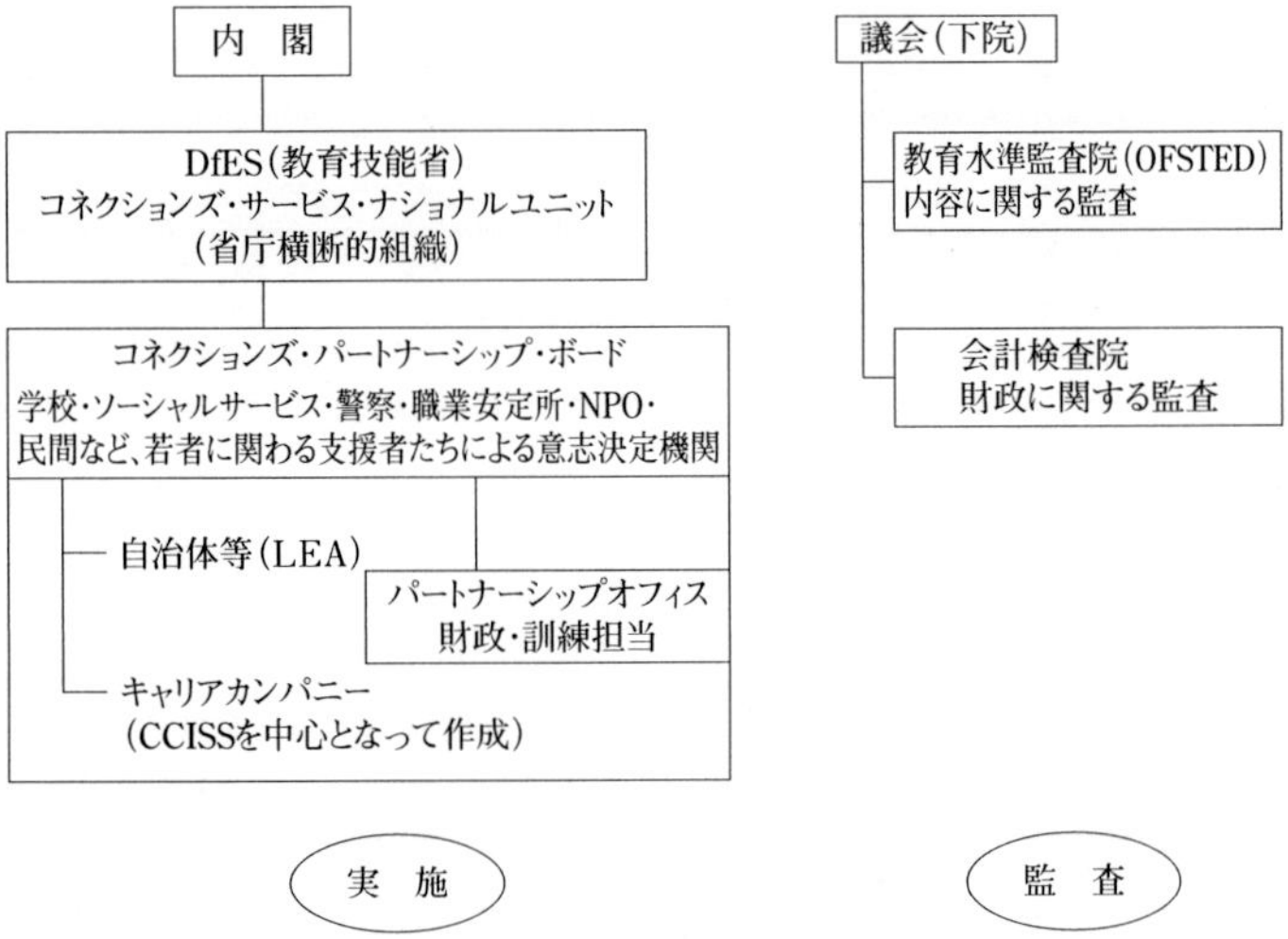

すべての若者に対してサービスを提供する役割を担っているのは、パートナーシップよりサービス提供を委託されたキャリアカンパニーと地方自治体等（Local Education Authority, LEA）である。他方で、それぞれの若者支援機関は自律性を保ち、個々に活動を継続しながらパートナーシップへ参加するというかたちをとっている。すなわちコネクションズは若者支援機関を再編するものではなく、若者支援機関の連携の枠組みを提供するものと言えよう。

　コネクションズのサービスを若者に提供するのが、コネクションズのPAである。PAのほとんどは、直接パートナーシップに雇われるのではなく、キャリアカンパニーに所属する。彼らの背景は、キャリアカウンセラー・教員・ユースワーカー・ソーシャルワーカーなど多様である。セントラル・ロンドン・コネクションズに対するインタビューによれば、コネクションズ導入時には短期間にPAを確保することが必要であったため、PAの能力にばらつきが生じているという。現在はPA募集の際にはNVQ4を求めているが、有資格者を集めるのが難しい地域もあるため、パートナーシップは在職後の訓練に力を入れている。

4—3　コネクションズの支援の特徴

コネクションズがこれまでの若者支援政策と大きく異なる点として、①地域における統合的・継続的サービスのために、進路追跡データベースを設置したこと、②在学中からの早期の働きかけ、③若者の関与の推進、が挙げられる。

進路追跡データベース（CCISs）の設置

イギリスの若者支援は官民問わず長い歴史があるが、支援機関のネットワーク化は十分でなかったため、若者が抱える複合的な問題の解決や継続した支援の提供は難しかった。このためコネクションズは、ＣＣＩＳｓという若者に関する個人情報の追跡データベースを地域に設置して、若者の進路に関する長期的な情報収集に努め、支援組織のネットワーク化をはかった。

ＣＣＩＳｓは、パートナーシップの管轄地域における一三–一九歳のすべての若者に関する個人情報の追跡データベースである。このデータベースは、若者が義務教育に在学している時から作成される。データベースの起点となるのは、若者が一三歳（八年生）の時の基本的なデータ（名前・性別・住居や連絡先など）であり、学校からパートナーシップに個人情報が伝達され、サービスが開始される。ただし情報提供は公立校からに限られ、私立校からは原則的に来ない。義務教育の終了時点の進路情報は、学校からパートナーシップに提供される。若者への支援は、このデータベースに基づき行なわれる。パートナーシップにおいて、個人の情報にアクセスできるレベルは厳しく決まっている。

各パートナーシップはCCISsに基づき、義務教育を終了した若者の進路を確認しつづけ、報告することが求められている。進学者には一年に一度コンタクトをすること、また何にも所属しておらず、活動していない若者＝NEETに対しては三ヵ月に一度接触し、支援することが決められている。しかしこうしたコンタクトの努力にもかかわらず、所在不明で確認ができない若者が一定数出現しており、改善が求められている。

このような取り組みにより、コネクションズのPAを通じて、若者が学習から進路に関わる悩み、ドラッグやアルコールなどの問題に至るまで、幅広い相談や情報提供などの統合的かつ継続的な支援を受けることができるようになり、支援を必要とする若者に対するアウトリーチ（支援が利用されるのを待っているのではなく、支援をする側から働きかけること）が可能な体制を整えている。

在学中からの働きかけ　これまでの若者就業支援とは異なり、コネクションズは一三－一九歳のすべての若者を対象とし、在学中から働きかけている。これは若者が社会との接点を失う以前の学校段階において、若者を社会へつなぎとめておくための手だてを講じようという意図の反映である。学校での活動に先立って、学校とパートナーシップの間では、支援活動の目的や若者の人権、収集資料に関して取り決めた「同意書」が交わされる。パートナーシップが学校でどのような支援活動を行なうかは、学校との契約内容によって異なる。学校側は、進路活動にまで十分に手が回らないため、コネクションズのPAが学校に入ってくることを歓迎している。

学校における活動の中心は、PAによる情報提供・ガイダンスである。PAは学校に常駐しているわけではなく、キャリアカンパニーから派遣されるが、派遣頻度は各学校のGCSEの成績や配慮が必要な生徒の数などに応じて、キャリアカンパニーが決定する。例えば問題を抱えた生徒の数が少ない Hayes School では、二人のPAが年間五四日訪問することになっており、パートナーシップは次のようなサービスを提供している。

〔九年生〕学習障害・知能が高いなど、特別な教育的ニーズがある若者を対象とした支援を行なう。もし必要なら、生徒に代わって適切なサービス提供を学校に要求する。

〔一〇年生〕成績の悪い層に対する支援

〔一一年生〕成績・能力別に四人程度のグループでPAが面接を行なう。生徒は事前にアンケートを記入して持参する。全員一度は必ずPAに会う。これらはオープンスクールなど、将来について考えるための活動を開始する時期の前に終了する。

一二・一三年生についても、希望者には支援が継続される。

コネクションズはすべての若者を対象としているが、若者のタイプによってサービスに対するニーズは異なっていると想定されている。（a）複雑な障害を長期的に抱える若者が全体の一割おり、集中的・持続的支援がなされる、（b）移行の時期などに支援を必要とする若者が全体の五割おり、手厚いガイダンスが行なわれる、（c）特に大きな問題はない若者が全体の四割を占めており、情報提供が主な支援となる。社会とのつながりを失いやすい、複雑な問題を抱えた若者層、すなわちNEETになる可能性の高い若者に対して、在学中から支援を行なうことに重点が置かれている。

若者の声を生かす　これまでのサービスが若者を引きつけられなかったことから、コネクションズはパートナーシップの運営や意思決定に若者を参加させる仕組みを意識している。若者の意見をサービス内容に反映することによって、若者に利用されやすいサービスにするとともに、自分の意見によって物事が変わるという体験を若者にさせることによって、若者を動機づけし、自信を高めることを目的としている。

例えば実践としては、少人数グループを組織し、情報発信の方法や情報の内容、支援の内容などに関する若者の意見を取り入れたり、ＰＡの選考や訓練などにも関与する取り組みなどがなされている。

4—4　コネクションズへの監査の仕組み

コネクションズはサービスの質を保つため、地域のパートナーシップへの監査の仕組みを整えている。各地域のパートナーシップへの監査は、教育水準監査院（Office for Standards in Education

OFSTED）が責任を持つ。監査チームは、成人教育監査官（Adult Learning Inspectorate, ALI）が中心となり組織され、監査官は、教育水準監査院によって提供される研修を受けることが義務づけられている。監査チームには、若者支援の実践者が多く含まれる。

監査の目的は、サービスの水準や質、効果や効率について、実施機関からの独立性を持つ公的な評価を提示し、活動の改善に寄与すること、教育技能大臣に対してパートナーシップの水準と質、効果について報告し、バリュー・フォー・マネーかどうかを報告すること、である。監査は四年サイクルで実施され、二〇〇六年までに四七ヵ所すべてのパートナーシップへの監査が終了する予定である。

コネクションズの監査の枠組みは、事前に五つの領域と個別の評価項目と評価基準を含んだ七つの主要評価項目が示されている（詳しくは労働政策研究・研修機構二〇〇五を参照）。枠組みに基づいて、観察して収集された情報や、事前及び監査活動において収集された資料などを参考に監査が行なわれる。監査の手順は以下のような流れになっている。

①監査の通知と説明

監査は、最低一二週前に通知され、その後に、報告責任者と副報告責任者の監査官が、パートナーシップの代表と面会し、監査について説明を行なう。

②訪問調査（第一段階）

第一段階では、監査チームの中核となる小集団がパートナーシップを訪問、監査項目についてインタビューを実施する（三日間）。事前監査ノートを作成。

③観察およびインタビュー調査（第二段階）

パートナーシップの活動を観察すると共に、職員や若者、自治体関係者などへのインタビューや面接を行なう（一週間）。観察では、活動の全体や一部を観察するが、三〇分以上滞在し、評価するのに十分な情報が得られるようにする。監査官の会合を開いて評価結果を決定し、報告書を作成する。

④公的なフィードバックと事実確認の会合（地元の自治体を含む）

監査終了後一二週間以内に、パートナーシップ、全国コネクションズ協会と政府に報告書が配布される。パートナーシップは、報告書受領後、一ヵ月以内にアクション・プランを立てなければならない。アクション・プランに基づく改善活動は、一年に四回のペースで観察が行なわれる。

4―5　コネクションズへの監査と評価

パイロット事業に対する監査報告書（二〇〇二年一〇月）によれば、コネクションズが導入されたことで、①パートナーシップを中核として、若者支援に関連する機関の連携関係が促進され、若者への効果的な支援活動が可能となった、②若者を事業に参画させることにより、若者が自信を持ち、同時に新たな技能や知識を獲得できるようになった、③ＰＡの導入により、若者が持つ複雑で多様なニーズを把握し、それに対応した支援が可能になった、④キャリアガイダンスにおいて、総合的な支援が可能になった、ことが明らかにされている。

しかし、パートナーシップへの参加支援機関が、コネクションズの本質を十分に理解しておらず、果たすべき役割や責任が不明確なまま活動を実施していたり、若者の意見を意思決定に反映させる仕組みがシステムとして確立されていないなどの問題も指摘されている。またＰＡの確保や彼らの采配などのマネジメント、人材育成が追いついていないという課題が浮き彫りになっている。三分の二のパートナーシップにおいて、ＰＡの配置や専門性、さらに訓練機会も不十分であると評価されている。

このようにコネクションズは、活動の成果や質についてはおおむね高い評価を受けており、リーダーシップやマネジメントについては満足できるレベルであるが、ＰＡの養成やコネクションズ活動への若者の参加は不十分であるという監査を受けているとまとめることができる。

それでは実際にサービスを受けた若者の評価はどうだろうか。政府は民間の調査会社に委嘱して、約一六、〇〇〇人の若者へインタビュー調査を実施した。調査によれば、九二％の若者がインタビューの前にコネクションズを知っており、コネクションズのサービスについて、九一％の若者が「非常に」あるいは「かなり」満足していると回答した。またコネクションズ職員への評価は高く、アドバイスも有効であるという回答が多くを占めた。現在のところ、おおむね良好と言ってよいだろう。

4―6　コネクションズの現状と課題

以上のように、コネクションズはこれまでの若者就業支援の隘路であった、支援離脱・回避者（将来ＮＥＥＴを経験する可能性の高い若者）を社会につなぎとめ、学校に所属している段階から継続して働きかけることを通じて、若者がよりよい移行を開始できるように支援するものである。またコネクションズは、パートナーシップという連携枠組みを提供し、地域の若者支援機関のネットワーク化に成功しつつある。さらに監査によって、地域のパートナーシップの質が担保される仕組みが整えられている。

しかしコネクションズの成功の鍵であるＰＡの養成については、いまだ試行錯誤が続いている。また若者の参加は、若者自身にとってもコネクションズにとっても重要だという認識はありながら、有機的な仕組みを十分に構築できていない。

ＮＤＹＰからコネクションズへというイギリスの若者支援政策の流れは、就業支援という労働政策から、包括的な移行支援政策への重点の変化を反映している。イギリスにおいてコネクションズに支援された世代が、今後どのような移行プロセスを歩むのかが注目される。

5　おわりに――日本への示唆

最後にイギリスから得られる示唆について触れておきたい。

すでに述べたようにイギリスでは、以前から中等教育における職場体験、キャリアガイダンス、市民性教育などを行なってきたが、ＮＥＥＴの増加傾向は改善されなかった。第一の要因は、学校教育を通して提供されているため、学校教育を離れた者や教育活動に不適応を起こした者に対する対応が不十分であり、学校と学校外の関係機関との連携協力が不十分だったためである。第二に労働政策においても、支援を回避する若者が問題となっており、無業になる以前の早期からの予防的働きかけが求められていた。第三に、これまでの支援体制はＮＥＥＴの状態にある若者の複雑さに配慮できていなかった。こうした課題に答えるために導入されたのが、コネクションズである。これまでのイギリスの経験から、すでにはじまった日本の若者支援に対して、以下のようなインプリケーションを得ることができる。

第一に、イギリスでは若者の学校から職業への移行を支援するためのひとつの方策として、教育政策と労働政策との接合が図られた。こうした動きは、教育技能省の再編に端的にあらわれている。日本においても、特に学校と就業支援機関との連携を積極的にすすめていくことが必要である。

第二に、コネクションズによる「早期からの予防的働きかけ」に見られるように、義務教育に所属している段階において、学校および学校外機関双方から働きかけているという点である。これまで日本では新規学卒採用という慣行によって、若者の失業や無業化、不安定化などを予防することに成功してきたが、その際には、学校、特に高校の教員が生徒の進路選択に対して大きな役割を果たしてきた。しかし近年都市部において、教員が進路指導から撤退しつつあるという気がかりな傾向が見られる。日本の学校の支援機能というよい点を生かしつつ、学校外の支援機関（例えばジョブカフェ等）からも働きかけ、様々な方面から支援の網をかけられないだろうか。

第三に、キャリア形成支援のプログラムの目的の広さがある。キャリア形成支援のためのプログラムはしばしば「正しい勤労観」を教え込むことだけを目的としがちであるが、イギリスのキャリア形成支援の目的は「自立した市民」の育成にある。そのためにWork related Learningの試みや、市民性教育、税金や健康、安全にいたるまで、かなり多様で幅広い教育が行なわれようとしている。学校から職業への移行は成人期の重要な達成課題であるが、「大人になること」は仕事に就くことだけで獲得されるわけではない。日本においても、キャリア形成支援を就業に限らず、自立した大人としてどのように生きていくのかを考える機会を提供できないだろうか。

第四に、多くの教育政策文書に「機会均等」という言葉がちりばめられているように、イギリスでは社会的に不利な立場に置かれた若者への配慮が常に意識されている。もちろんイギリスには、日本ほど後期中等教育（日本における高校）への進学率が高くないことや、基礎的な読み書き計算能力が不十分な若者も一定層存在するという深刻な問題が背景にある。しかし日本においても、中卒や高校中退の若者が無業化、固定化しやすいという傾向があり、問題の根は共通している。若者支援を考える際には、社会的排除層の問題もあわせて考えていく必要がある。（4～5節　堀　有喜衣）

注

（1）中核領域とは、数学、読み書き、コミュニケーションや情報技術の基礎、問題解決、チーム作業、権利と社会的責任という共通知識とスキルからなるものである。一四歳から一六歳においては、全国共通教育課程の要件を満たすと共に、中核領域に基礎をおくこととされた。主領域とは、生徒の選択を基本とし、各ディプロマの主たる学習内容を指すもので、全体の約三分の二を占めるものとされた。合わせて関連する約二〇項目程度の学習分野を設定することとされた。

参考文献

G・ジョーンズ、C・ウォーレス　二〇〇二『若者はなぜ大人になれないのか』宮本みち子訳、新評論
宮本みち子　二〇〇三『若者が〈社会的弱者〉に転落する』洋泉社
日本労働研究機構　二〇〇三『諸外国の若者就業支援政策―イギリスとスウェーデンを中心に』資料シリーズ No.131
労働政策研究・研修機構　二〇〇五「第Ⅰ部　イギリスとEUの若者就業支援政策の展開」『若者就業支援の現状と課題』No.35
Social Exclusion Unit, BRIDGING THE GAP, 1999
DfEE The Learning and Skills Council Prospectus : Learning to Succeed, 1999
DfEE The Learning Age, 1998
DfEE Learning to Succeed, 1999
DfES Work-Related Learning at Key Stage 4, 2003
DfES Vocational and work-related learning at key stage 4, 2003

DfES Careers Education and Guidance in England, 2003

Connexions Connexions : The best start in life for every young person, DfEE, 2001

Connexions Business Plan Summary Guide 2002/2005, 2002

Connexions Annual Report 2001-02, 2002

OFSTED Connexions Partnerships : the first year 2001-2002, 2002

Working Group on 14-19 Reform 14-19 Curriculum and Qualifications Reform : Final Report of the Working Group on 14-19 Reform October 2004

QCA Work-related learning for all the key stage 4, 2003

QCA Change to the key stage 4 curriculum, 2003

第二章　アメリカのキャリア教育と就業支援

藤田　晃之

1　アメリカのTwixters・日本のフリーター

二〇〇五年一月二四日付けのTime誌アメリカ版は、特集Meet the Twixters（トゥイクスターズの現実）を組み、その中核記事は「大人になる？　うん。でも、あわてずにね（Grow Up? Not So Fast）」と題された[1]。当該記事は、大学卒業後、年齢的には成人を迎えながら、職を転々と変え、結婚もせず、親と暮らし、享楽的とも思える生活を続ける若者たちの増加を伝えている。ここで使われるTwixtersとは、口語体の慣用句「betwixt and between（どっちつかずの状態）」を基にした造語である。また、本特集には、このような若者の増加が先進国に共通してみられるとした上で、日本のフリーターをTwixtersと同質の若者として挙げるコラム[2]も掲載された。

アメリカのTwixtersと日本のフリーターは、果たして類似の存在として捉えられるのだろうか。ここで、発達心理学者であるアーネット（Arnett, J.）による指摘を当該記事から引用しよう。

「Twixtersは、単に次の職を求めて転々としているわけではない。天職（calling）とも呼べるもの、すなわち、自らのアイデンティティーを表現し得る仕事を探し求めているのだ。」

「（彼らが結婚しないのは、）彼らが結婚に後ろ向きだからではなく、真実の愛、本当に相性のいい相手を求めているからに他ならない。」

そしてこの記事は、これらの指摘を踏まえ、Twixtersは大人になることを拒むピーターパンであると指摘し、長寿社会を迎えて大人になり急ぐ必要がなくなり、高等教育の特権性が失われた今日においては、その是非は別にして、起こるべくして起きた遅延化現象であるとの分析も加えている。

ここに報じられたアメリカのTwixters像から、日本のフリーターに相対的に多く見られる高校・大学中退者や、正規雇用を志向しつつも厳しい労働市場を前に立ちすくむ若者などの影を見いだすことは難しい。また、正社員への移行困難などの問題をこの記事から読み取ることはできないし、行間を通してもそれは浮かび上がってこない。アメリカにおける学校から職業への移行期の問題は、こうした夢追い型ピーターパンの増加に集約されるのだろうか。

いや、現実は異なる。

アメリカでは、以前より、高校（ハイスクール）中退者、人種・民族等のマイノリティーなどを典型として、学校から職業への移行時に困難をかかえる若者の存在は顕在的な社会的問題であり続けてきた。それゆえ、スムースな移行にむけた体系的な教育・支援プログラムの構築は国家的な課題であり、特に中等教育段階において多様な実践が積み重ねられている。しかしながら、学校から職業への移行が困難な若者をめぐる問題はあまりにも深くアメリカ社会に根を下ろしてしまっている。いわば常態化した側面すらもつゆえ、それ自体はニュース性をもたないと言えよう。本章では、Time 誌が報じなかったアメリカにおける移行期の問題を浮き彫りにし、就業支援施策の実際に迫ることとする。

2　学校から職業への移行期の特質

2―1　若年期の不安定就労

アメリカの若者が、生徒・学生から社会人へと移行する際のパターンは、日本のそれとは大きく異なる。ＯＥＣＤがまとめた報告書 *From Initial Education to Working Life: Making Transitions Work*（2000）は、その特質を次のように述べる。

「若者の『ブラブラ行動・揺れ行動（milling and churning）』、『どうどうめぐり行動（swirling）』をめぐる議論が最も活発なアメリカにおいて、これらの行動は、定職に就くまでの間に繰り返される職から職への渡り歩きを意味するものとして理解されている。より詳細に言えば、この期間において若者は、多種多様な活動を短期間のうちに経験するのであり、職に就くことはその一形態にしかすぎない。例えば、雇用促進のための教育訓練プログラム等への参加、失業・無業状態、生徒・学生の立場への一時的回帰、パートタイム就労、短期間のフルタイム就労などが挙げられる。(3)」

アメリカにおいては、教育機関を離れてから定職に就くまでの間に、若者の多くが多様かつ短期間の就業経験等を経ており、この慣行は他の国との比較においても突出した特質となっている。この点は、高校が職業安定所の一部業務分担として就職先斡旋機能をもち、地元企業等との相互信頼関係を背景とした推薦慣行に基づく就職支援が長年実施されてきた日本との比較の上でも際だった相違点であるといえよう。(4)

さらに、若年期の不安定な就労状況については、人種・民族間の差異が大きいことも明らかにされている。

クラーマン(Klerman, J.)らは、連邦労働省が一九七九年より開始した縦断研究National Longitudinal Survey- Youth（NLS-Y）のデータを解析し、男性より女性のほうが、高校を卒業した者より中退者のほうが、また、白人より人種・民族的マイノリティーのほうが、若年不安定就労期が長引く傾向にあることを明らかにした。そして高校中退者及びマイノリティーグループにおいては、その不安定度が深刻であることを示している。クラーマンらは、就労もせず教育機関にも在籍しない者の割合が、年齢を重ねるごとにどのように推移するかに注目し、次の結果を得た（表2—1）。高校中退者の非就労・非在学率（無業率）は高校を卒業した者に対して明らかに高く、マイノリティーグ

表2—1　男性の非就労・非在学率（%）の時系列変化

（人種/民族・学歴・年齢別）（18歳から28歳まで）

年齢	高校中退者			高校卒業者		
	白人	黒人	ヒスパニック	白人	黒人	ヒスパニック
18	18.5	34.2	24.5	15.6	33.3	—
19	17.6	35.1	28.7	13.4	27.6	16.3
20	18.2	32.5	24.4	9.8	21.1	14.2
21	17.6	28.9	28.1	10.8	14.1	11.9
22	13.9	27.7	23.7	8.2	19.3	13.9
23	14.7	30.4	23.5	7.0	15.0	11.9
24	12.9	30.9	18.2	6.2	14.1	9.2
25	9.7	29.9	18.4	4.7	12.2	8.9
26	13.3	24.4	16.2	5.4	12.9	8.6
27	10.3	28.3	17.7	2.2	11.3	8.6
28	15.6	28.2	—	4.2	11.2	—

資料　Klerman, J. and Karoly, L. (1995) *The Transition to Stable Employment: The Experience of US Youth in their Early Career*, National Center for Research in Vocational Education, Table 3.2

ループと白人との差も大きい。

またクラーマンらは転職の回数にも注目し、若年不安定就労期の実態に迫っている。男性の場合の平均転職回数は一八歳から二四歳までにおよそ五回（6 jobs）、二八歳までにほぼ七回であるが、高校中退者の大半（七五パーセンタイル）は、二四歳までに約八回、二八歳までには九回以上の転職経験を有している。(5) 高校中退者の就労パターンをさらに人種／民族別に見ると、二七歳までの転職回数は白人で八・一回、ヒスパニックが七・四回、黒人が六・〇回である。(6)

高校中退者は他の学歴グループに比べて移行期における就労の不安定度が著しく高く、さらに、高校を中退した人種・民族的マイノリティーグループは、そのような不安定な就労機会すら得にくいと言えよう。アメリカでの学校から職業生活の移行期における大きな問題がここにある。

図2—1　25歳以上のフルタイム就労者における最終学歴・最高学位別年収（ドル）の推移（中央値／1994—2000）

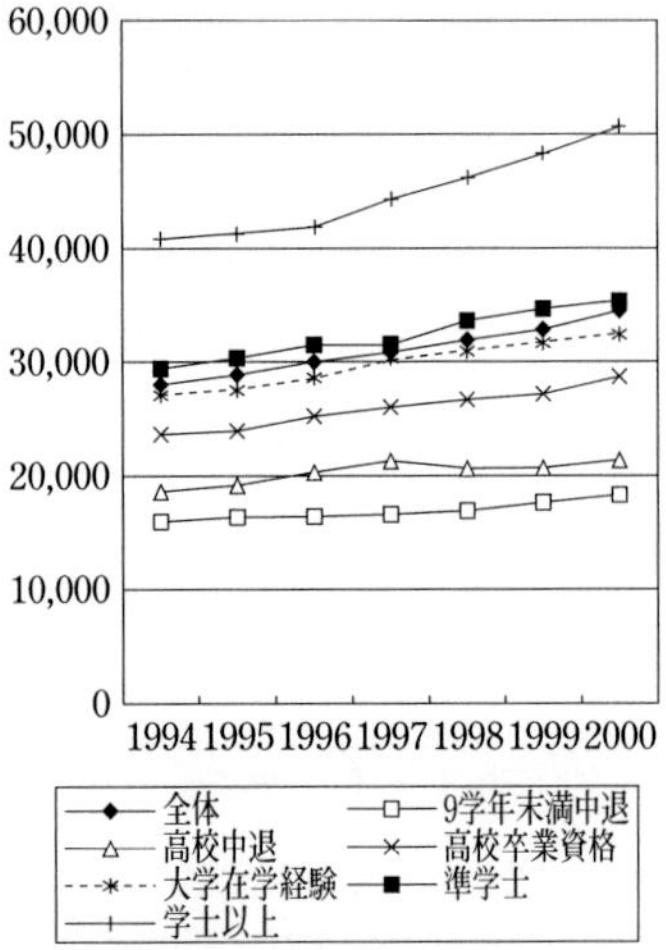

図2—2　25歳〜64歳における最終学歴・最高学位別年収（ドル）の推移（中央値／1994—2000）

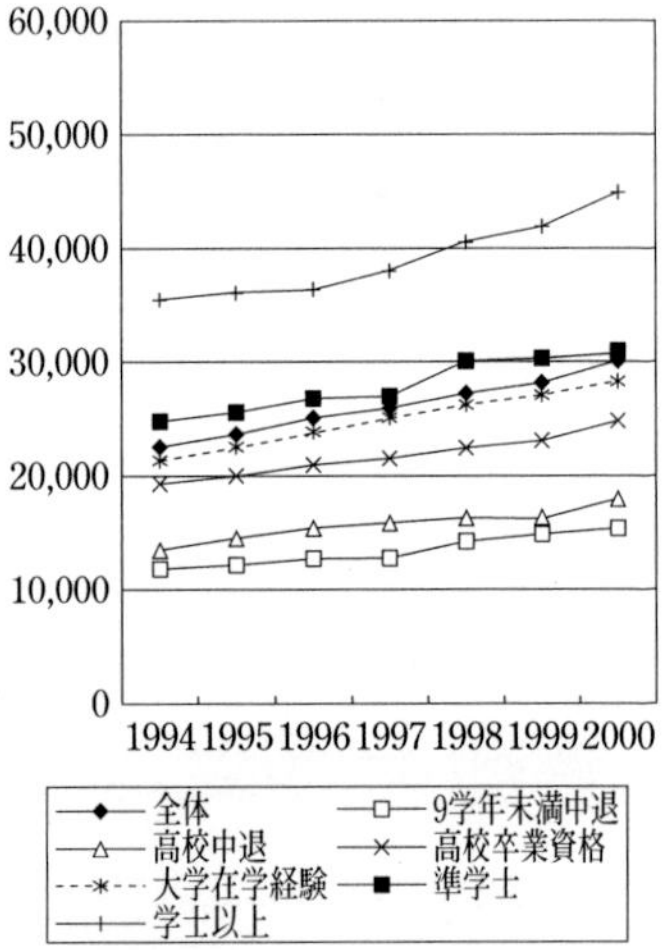

資料　（図2—1·図2—2共通）　Current Population Survey, Detailed Person Income Tables, 1994 (PINC-06), 1995 (PINC-06), 1996 (PINC-06), 1997 (PINC-06), 1998

2—2　収入格差

さらに、アメリカにおいては、労働者の収入と学歴とが強い相関を示している。フルタイム就労者の場合、高校卒業資格をもたない者の収入は、準学士取得者に比して約六割、学士以上の学位をもつ者に対しては五割を下回る。一九九〇年代中盤以降、労働者全体の収入が増える傾向にある中で、学歴による収入格差はますます拡大している（図2—1）。また、就労状況を問わずに二五歳〜六四歳年齢層全体における個人収入を見た場合、高校卒業資格をもたない者（中退後も高校卒業資格を取得しなかった者）の収入は、中退した時期の早晩の影響をほとんど受けず、きわめて低いレベルにとどまっているこ

表2―2　25歳～64歳における無収入者及び1万ドル未満年収者の割合（%）

（最終学歴・最高学位別／2000年）

	全体	9学年未満中退	高校中退	高校卒業資格	大学在学経験	準学士	学士以上
無収入	17.3	38.3	31.7	19.2	15.2	12.3	10.8
年収1万ドル未満	9.9	15.2	15.1	11.7	10.1	8.6	6.4

資料　Current Population Survey, Detailed Person Income Tables 2000, September 2001, PINC-03

表2―3　25歳以上のフルタイム就労者における年収（ドル）

（最終学歴・最高学位別、性別、人種・民族別の中央値／1994年）

	全体	高校卒業資格なし		高校卒業資格	大学在学経験のみ	準学士	学士以上
		9学年未満中退	高校中退				
全体	28,024	15,897	18,586	23,482	27,016	29,378	40,850
性別							
男	32,131	17,151	21,748	27,237	31,344	35,121	46,976
女	23,165	12,029	14,474	19,529	22,171	25,214	33,306
人種・民族別							
白人	29,248	16,176	19,053	24,412	27,540	30,033	41,295
黒人	22,471	14,978	17,023	20,023	22,274	25,598	33,899
ヒスパニック	20,779	14,937	15,880	20,753	25,391	26,937	35,308

資料　Current Population Survey, Detailed Person Income Tables 1994, March 1995, PINC-06

表2―4　25歳以上のフルタイム就労者における年収（ドル）

（最終学歴・最高学位別、性別、人種・民族別の中央値／2000年）

	全体	高校卒業資格なし		高校卒業資格	大学在学経験のみ	準学士	学士以上
		9学年未満中退	高校中退				
全体	34,852	18,267	21,391	28,807	32,400	35,389	50,758
性別							
男	40,181	20,447	24,439	32,494	38,650	41,072	60,449
女	28,977	15,399	17,210	23,721	27,190	30,180	41,131
人種・民族別							
白人	35,733	17,954	21,854	30,178	33,509	36,345	51,314
黒人	28,007	20,778	19,457	25,027	29,961	29,057	41,852
ヒスパニック	24,432	17,299	19,664	24,579	29,385	30,740	41,294

資料　Current Population Survey, Detailed Person Income Tables 2000, September 2001, PINC-03

とがわかる（図2―2）。これはすなわち、高校卒業資格をもたない層においては、フルタイム就労者の収入が低いだけではなく、無収入者の割合が突出して高いことによると考えられよう（表2―2）。

また、性別及び人種・民族による収入格差も顕在的であり、男性に比べ女性の収入が低く、白人に比べマイノリティー・グループの収入が低い。当該格差は、いずれの学歴集団においても確認され、これら格差は九〇年代を通じて拡大傾向にある（表2―3・表2―4）。

3　移行を支えるシステム――教育制度・関連法制

3―1　高校入試のない学校制度と重層的・継続的トラッキングのしくみ

アメリカにおける公立初等中等学校は、ごく少数の州立機関を除き、全教育段階を通じて学校区（school district）教育委員会によって設置される。学校区は、全米で一五〇〇〇ほどあり、各教育委員会の組織及び権限は原則として市町村の一般行政から独立している。それゆえ、学校区の地理的境界が市町村とは別個に設けられるケースも珍しくない。

義務教育の開始及び終了年齢は州によって異なるが、六歳から一七歳までとする州が最も多い。義務教育の完了と学校段階の区切り（卒業）が重複することは例外的であり、大多数の生徒は義務教育の完了時期を高校在学中に迎える。よって、義務教育完了年齢の高低を問わず、いずれの州においても、高校は義務教育機関として位置づけられている。生徒たちは、原則として、学校区教育委員会が設定する通学区域ごとに就学指定された学校に在籍し、日本の高校入試に相当する入学者選抜はいずれの段階においても通常実施されることはない。

このような就学指定制度に基づく場合、どの段階においても、多様な能力・興味・関心をもった生徒たちが単一の学校に集うこととなる。各生徒の能力・関心等の違いが鮮明化する中等教育段階においては、大学進学にも就職にも対応し得る幅広い選択科目の開設が不可避的に求められ、公立高校の圧倒的多数は総合制となっている。

ここで、学校間接続時に入学者選抜を行なわないゆえに、学校内部において重層的かつ継続的なトラッキング（将来の進路選択に規定力をもつ階層化）のメカニズムが機能していることを指摘する必要があろう(7)。

まず、中等教育段階、特に高校における多様な科目開設と各科目の履修条件（prerequisite）自体がトラッキング機能を発揮する。生徒の能力・関心等が多様であるゆえ、いわゆる基礎教科においても学年統一の授業実施が困難となる場合が生じ、特に学力差が顕著となる数学等においては学年統一の授業は「落ちこぼれ」を生む危険性をはらむと言える。よってアメリカでは、早い場合には六年生から、遅くとも九年生から数学を中心とした到達度・習熟度別科目選択制が導入されている。各科目にはそれぞれ、前年度までに履修を終えるべき科目・成績等が履修条件として明示され、学習の系統性が保持されるのである。つまり、成績がよく意欲も高い生徒にはより高度な科目が準備され、そうではない生徒にはそれぞれの到達度と意欲に見合う科目が準備される中で、学年が進むにつれて到達度の格差が拡大し、結果的にそれはトラッキングとして働く。

次に、このような科目選択と表裏一体の制度として広く定着している複数の高校卒業要件に注目する必要があろう。教育水準の向上を企図する全米的教育改革が開始された一九八〇年代前半、従来の高校卒業要件の総体的引き上げを図ると同時に、四年制大学進学希望者を対象とした卒業要件(上級卒業要件)、進学を想定しない者を対象とした卒業要件(一般卒業要件)等、複数の卒業要件を導入する学校区が急速に増加した(8)。八〇年代後半には、卒業要件の引き上げが高校中退を助長するとの批判が相次いで出され(9)、この動向に拍車をかけたと言える。また、単一の高校卒業要件のみを設定する場合においては、当該要件は、州立四年制大学の入学許可基準を満たすものではない。高校卒業要件を一律に大学入学許可基準に合致させようとすれば、高校中退者の増加をまねくとの批判を免れないからである。このような中にあって、四年制大学への進学を希望する者は、九ないし一〇学年在籍時より、計画的に上級卒業要件あるいは大学入学許可基準を満たすための計画的な科目履修が求められる。

このようなトラッキングメカニズムを内在させる公立高校制度をもつアメリカにおいては、当該トラッキングの「負の機能」を最大限に抑制するための施策の構築が求められる。そのため、①具体的将来展望をもたせるためのキャリア教育の継続的実施、及び②進路選択の可塑性をできるだけ高める仕組みの確立と運用に力が注がれているのである。そしてさらに、③中等後教育・成人教育

図2—3　職業教育関連連邦法の特質

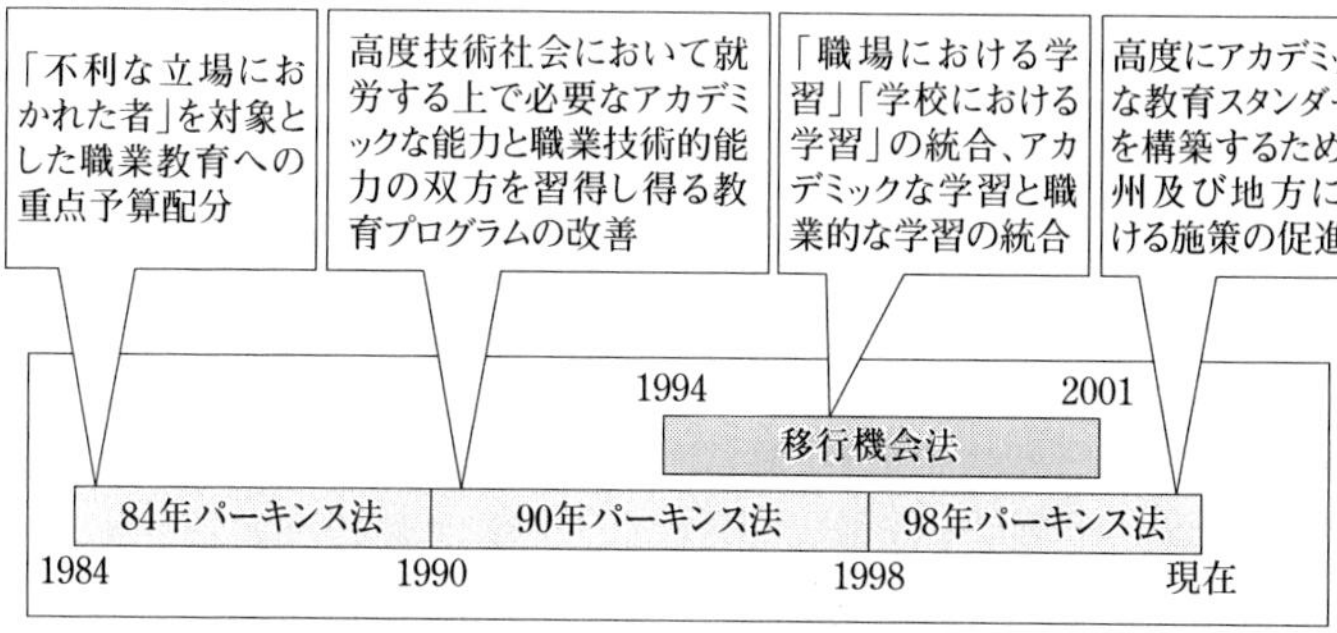
高度にアカデミックな教育スタンダードを構築するための州及び地方における施策の促進

・84年パーキンス法（1984）
　カール・D・パーキンス職業教育法（Carl D. Perkins Vocational Education Act, Public Law 98-524）
・90年パーキンス法（1990）
　カール・D・パーキンス職業教育及び応用技術教育法改正法（Carl D. Perkins Vocational and Applied Technology Education Act Amendments of 1990, Public Law 101-392）
・移行機会法（1994）
　学校から職業への移行機会法（School-to-Work Opportunities Act, Public Law 103-239）
・98年パーキンス法（1998）
　カール・D・パーキンス職業教育及び応用技術教育法改正法（Carl D.Perkins Vocational and Applied Technology Education Act Amendments of 1998, Public Law 105-332）

機関においても様々なセカンドチャンス、つまり中退者を典型とするdisadvantaged group（不利な立場におかれた者）を主たる対象とした職業生活への移行支援プログラムが提供されている。本章では、第4節、第5節においてこれら施策の具体像を明らかにする。

3—2　キャリア教育・就業支援を支える連邦法制

若年就職支援施策の法的基盤は、連邦教育省所掌の職業教育関連法、連邦労働省所掌の職業訓練関連法に大別される。前者は、学校におけるキャリア教育を根底から枠づけ、後者は学校外における就職支援施策の基盤となっている。

職業教育関連法：学校における若年就職支援の法的基盤

職業教育関連法は「パ

ーキンス法」と通称される職業教育法と、一九九四年から二〇〇一年までの時限立法であった「移行機会法」に大別される（図2—3）。これら職業教育関連法においては、一九九〇年代を通して、いわゆる学力向上に寄与する職業教育の確立に向けた一貫した流れが読み取れる。いわば手に職をつけさせる従来型の職業教育を脱し、高校卒業に必要な学力を身につけさせ、さらには高等教育機関への進学も支援し得る職業教育へと転換させることを目的とした立法措置がとられているのである。ここには、低学歴層における不安定な就労と低収入という問題に直面するアメリカが打ち出した、明確な方向性が示されていると言えよう。

①八四年パーキンス法

連邦職業教育法の抜本的改正法として一九八四年一〇月に成立した「カール・D・パーキンス職業教育法（Carl D. Perkins Vocational Education Act, Public Law 98-524　以下、八四年パーキンス法）」の主たる特質は、①「不利な立場におかれた者（disadvantaged individuals）」に対する大幅な連邦補助金の支出を規定し、②「総合的キャリアガイダンス・カウンセリングプログラム（Comprehensive Career Guidance and Counseling Program）」を提唱したことに集約される。

○「不利な立場におかれている者」に対する連邦予算の集中配分

八四年パーキンス法は、従前の職業教育法と同様に、連邦補助金の配分を職業教育プログラムの対象年齢によって次のように定めた（Sec. 101）。

一五歳～一九歳：五〇％　　二〇歳～二四歳：二〇％

二五歳～六五歳：一五%　　　一五歳～六五歳：一五%

この配分については現行法においても変更なく引き継がれており、連邦職業教育法の基本的枠組みと言えよう。八四年パーキンス法の独自性は、上記補助金を受領した州に対して、その総額の五七%を対象者属性を特定した職業教育プログラムに使用するよう規定し、「これまでの職業教育において望ましい扱いを受けてこなかった者」を具体的に挙げ、彼らをターゲットとした職業教育プログラムの確実な運用を求めた点にある（Sec. 202）。中でも、最大の二二%を次のように定義される「不利な立場におかれた者（disadvantaged individuals）」に振り分けた点は、これまでにない施策として注目された（Sec. 521）。

不利な立場におかれている者とは、アカデミックなもしくは経済的なハンディキャップをもつ者で、かつ、職業教育において彼らに成功をおさめさせるためには特別な援助を必要とする者を意味する（ただし、心身障害者を除く）。ここには、低所得世帯の家族、移民、英語の運用能力の不自由な者、中等教育からの中退者、中退する可能性のある者が含まれる。[10]

○総合的キャリアガイダンス・カウンセリングプログラム

一方、八四年パーキンス法が定めた「総合的キャリアガイダンス・カウンセリングプログラム（Comprehensive Career Guidance and Counseling Program）」は、次の諸領域を連邦援助の対象とした（Sec. 331-333）。

（1）個人が自己評価・キャリア計画・キャリア決定・エンプロイアビリティを高める諸技能

（employability skills）を獲得することへの支援
（2）個人が教育及び諸訓練から職業へと移行することへの支援
（3）個人が現職で求められている技能を保持することへの支援
（4）個人が衰退傾向のある職業から、高度技術を必要とする新しい分野の職業、あるいは従事者の不足している職業へと移行するために新たな技術を獲得することへの支援
（5）個人が自らのキャリアの過程で新たな職業を探し、自らのキャリア目標を明確化することへの支援

そして、学校教育におけるこれらの支援は、正規のスクールカウンセラーによって計画・運営されるべきであると規定されたのだった。つまり、実践具体的方法については各州・各学校区に委ねると同時に、実践を支える組織の中核にスクールカウンセラーを据え、実践すべき活動目標を列挙することによって、就職・進学支援のための諸支援を提供しようとしたのである。

その後、一九八九年には、本法が示した枠組みを実践に移すための「全米キャリア開発指針」が準政府機関である全米職業情報整備委員会（National Occupational Information Coordinating Committee）によって策定され、スクールカウンセラーを計画・運営の中核に据えたプログラムが、全米に広く浸透していった。スクールカウンセラーを中核とするキャリア開発への支援は、今日でもなおアメリカの学校教育の特質となっている。

②九〇年パーキンス法

九〇年代の就職支援施策の方向性をまず示したのは、一九九〇年のカール・D・パーキンス職業教育及び応用技術教育法改正法（Carl D. Perkins Vocational and Applied Technology Education Act Amendments of 1990, Public Law 101-392、以下、九〇年パーキンス法）であった。本法は「高度技術社会において就労する上で必要なアカデミックな能力と職業技能的能力の双方を習得し得る教育プログラムの改善」を主たる目標として成立し（Sec.2）、本法による各州への連邦補助金は、まず第一に職業教育カリキュラムとアカデミックなカリキュラムの統合のために使用されなくてはならないと定められた（Sec.201）。

これはすなわち、八四年パーキンス法が定めた「不利な立場におかれた者」をターゲットとした職業教育の拡充策が、短期間のうちにその質的転換を余儀なくされたことを意味する。中等後教育、特に高等教育への接続を可能とするアカデミックな学習から、職業教育を切り離し、後者の拡充を求めた八四年パーキンス法の枠組は「不利な立場におかれた者」を救う手だてとはならない、との判断が下されたのである。労働市場では職場のOA化を背景として単純作業労働が機器によって代替される明確な傾向が生じており、また、高校卒業資格を持たない者はもちろんのこと、高校卒業後直ちに就労する者であっても、若年期の不安定な雇用環境や低い所得等の問題に直面せざるを得ない。これらの現実が、八四年パーキンス法への批判に直結したと言える。

③移行機会法

九〇年パーキンス法が形成した職業教育とアカデミックな教育との間に見られた従来の「垣根」

を取り払おうとする政策動向は、一九九四年に成立した「学校から職業への移行機会法（School-to-Work Opportunities Act, Public Law 103-239、以下、移行機会法）」によってさらに強化されていく。本法は、二〇〇一年一〇月までの時限立法として成立し、二〇〇一年には更新されることなく廃止となったが、九〇年代後半の若年者就職支援施策に与えた影響はきわめて大きい。本法は、従来型職業教育法、すなわち八四年パーキンス法、九〇年パーキンス法とは別に各州に対して連邦補助金を支出するものであり、当該補助金は、(a)移行システム立ち上げ用補助金（State Development Grants）と、(b)立ち上げ後五年間に限定した初期補助金（State Implementation Grants）とに大別される。各州には、これらの補助金を基とした独自の移行システムの構築が求められたのである。

移行機会法は、若年労働者層の四分の三を占める学士の学位を持たない者の多くが今日の職場が要求する諸技能に欠け、高校卒業資格を持たない者がマイノリティーを中心に多く、中等後教育を経ない労働者の収入が低迷している等の事実認識に基づき制定され（Sec.2）、その目標は次の五点に集約される。(11)

（1）「職場における学習（work-based learning）」「学校における学習（school-based learning）」の統合、アカデミックな学習と職業的な学習の統合、及び中等教育から中等後教育への円滑な接続の実現

（2）「キャリア専攻（career majors）」の修了支援

（3）「職場における学習」「学校における学習」「両者を統合する活動（connecting activities）」そ

れぞれにおける具体的な学習の一体性（一貫性）の確保

（4）将来生徒自らが携わろうとしている産業（業種）についての経験・理解の提供

（5）本法が規定する活動、求職活動、雇用、及びそれらに関連する活動に対する、すべての生徒の平等なアクセス保証

本法は、これらの目標が明示するように、事業所における技能訓練を典型とする「職場における学習」を高校段階に導入し、それを、キャリア教育及びアカデミックな学習を軸とする「学校における学習」と有機的に統合することが、今日求められる若年労働者育成の鍵であるとの前提に基づいている（Sec.2（8））。

④現行職業教育法

九〇年パーキンス法は、一九九八年の改正法（Carl D. Perkins Vocational and Applied Technology Education Act Amendments of 1998, Public Law 105-332、以下、九八年パーキンス法）によって改正・更新され、現行法として今日に至っている。九〇年パーキンス法を大枠で引き継ぐこととなった九八年パーキンス法は、自らの目的を次のように定めている（Sec. 2）。

（1）高度にアカデミックな教育スタンダード（challenging academic standards）を構築するための州及び地方における施策の促進

（2）職業技術教育を受ける生徒に対して提供されるアカデミックな教育と職業技術教育とを統合し、かつ、彼らにおける中等教育と中等後教育との円滑な接続を支援する施策の促進

（3）テックプレップ制度を含む職業技術教育を開発し、実施し、改善する上での州及び地方の自律性の拡大

（4）職業技術教育の改善に有効な研究成果の共有化及び現職研修及び教育支援の提供

ここでは、職業教育とアカデミックな教育との統合という九〇年パーキンス法の主旨が引き継がれ、職業教育がアカデミックなスタンダードの向上にも寄与すべき点が強調されている。「職業教育＝非進学者向けの教育」という旧来の枠組みを打破し、より多くの者に実質的な進学機会を保証すべきであるとの方針が再確認されていると言えよう。

職業訓練関連法：学校外における若年者就職支援の法的基盤

一方、学校外における就職支援施策の基盤としての職業訓練関係法は、その主対象をもっぱら「不利な立場におかれた者」に絞り込んでいる。専門的職業知識・技能を身につけさせることによって、若年期の不安定な就労の循環から抜け出す契機を提供するための支援を提供すること。これこそが、連邦職業訓練関係法の中心的課題である。

①職業訓練パートナーシップ法

アメリカにおける連邦レベルの職業訓練関連法は、一九六〇年代以降、「不利な立場におかれた者」を対象とした施策をその主軸に据えてきた。一九六二年の「マンパワー開発訓練法（Manpower Development and Training Act）」を先鞭として、本章第5節でも紹介するジョブ・コア（Job Corps）等の創設を規定した一九六四年の「経済機会法（Economic Opportunity Act）」等が成立したことに

より、今日の学校外における職業訓練の基盤は六〇年代に形成されている。

そして一九七三年には、従来の職業訓練諸法を整理統合する包括法である「包括雇用・訓練法（Comprehensive Employment and Training Act, Public Law 93-203）」が成立し、さらに一九八二年には、その全面改正法「職業訓練パートナーシップ法（Job Training Partnership Act, Public Law 97-300）」が制定された。そして、職業訓練パートナーシップ法は九〇年代までの学校外における職業訓練施策を枠づける法的基盤となったのである。本法によって規定される主要プログラムは、以下の通りである。

Title II　不利な立場におかれた者に対する訓練

　Part A　成人及び若年を対象としたプログラム

　Part B　夏期若年雇用・訓練プログラム

Title III: 非自発的離職者（Dislocated Workers）に対する訓練・支援

Title IV: 連邦直轄プログラム

　Part A　原住民及び移民季節労働者に対する雇用・訓練プログラム

　Part B　ジョブ・コア

　Part C　退役軍人雇用プログラム

　Part D　全米的な枠組みを必要とする諸施策（National Activities）

　Part E　労働市場情報の整備

Part F　連邦雇用政策委員会（National Commission for Employment Policy）
Part G　アマーマティブアクションの徹底

上記各プログラムのうち、Title II及びTitle IIIに規定されるものは、連邦補助金を受けた州（実際には州からの配分を受ける各地方）の裁量に大きく委ねられ、連邦政府あるいは連邦政府との直接契約を結んだ機関が運営するのは、連邦直轄プログラム（TitleⅣ）に限られる。

職業訓練パートナーシップ法は、その後、八六年改正（Public Law 99-496）、八八年改正（Public Law 10-495）、九一年改正（Public Law 102-235）、九二年改正（Public Law 102-367）を経つつ、九〇年代においても職業訓練施策の基盤として機能した。特に九二年改正法は、(a)低所得者を対象とする職業訓練への連邦補助金の支給、(b)不利な立場におかれた者を対象とする職業訓練に対する連邦補助金の一〇％拡大、(c)不利な立場におかれた若年層の教育機会の拡充等を定めた点で注目される。本改正法によって、「TitleII　不利な立場におかれた者に対する訓練」は以下の三パート構成となった。

Part A　成人を対象としたプログラム
Part B　夏期若年雇用・訓練プログラム
Part C　若年を対象としたプログラム

②労働力投資法

一九九八年八月、これまでの職業訓練、リテラシー教育、職業リハビリテーションの各プログラムに対する連邦施策を包括的に枠づける「労働力投資法（Workforce Investment Act, Public Law 105-220）」が成立した。本法は「Title I　労働力投資システム」「Title II　成人教育及びリテラシー」「Title III　労働力投資関連施策」「Title IV　リハビリテーション法改正」によって構成される。

本法の成立を受け、職業訓練パートナーシップ法は廃止されることとなったが、これまでの主要職業訓練プログラムに対する連邦補助金規定の大幅な改廃はなされていない。職業訓練パートナーシップ法において焦点化された「不利な立場におかれた者」への職業訓練施策関連規定は、「Title I」における「若年施策（Subtitle B, Chapter 4）」「成人及び非自発的離職者に対する雇用・訓練施策（Subtitle B, Chapter 5）」として引き継がれている。また、連邦直轄プログラムの一つであり一九六四年から継続されてきたジョブ・コアにも、改めて独立規定（Subtitle C）が付与されている。(12)

4　学校におけるキャリア教育と就業支援

さてここからは、学校における就業支援、すなわち、学校から職業生活への移行を支援するための教育プログラムの具体像に迫ろう。まず、自らの将来を構想し、具体的展望と計画にまで発展させていく過程に直接的に働きかける教育、すなわち、日本の進路指導に相当するキャリアガイダンス・プログラムの特質を示す。次いで、学校における職業教育の諸相を整理する。ここでは特に、職業生活への円滑な移行支援の観点から重点的に推進される教育プログラムに焦点を当てることとする。

4―1　キャリア・ガイダンスプログラム中核としてのスクールカウンセラー

アメリカの学校教育におけるキャリア・ガイダンスの実践は、スクールカウンセラーを中核として行なわれる。八四年パーキンス法がキャリア・ガイダンス・カウンセリング実践の中核としてスクールカウンセラーを改めて位置づけたことにより、スクールカウンセラーの専門性は、上級学校や職業への移行支援等を目的としたキャリア・ガイダンス及びカウンセリングを主軸とするとの見方が再確認されたと言ってよい。

このような捉え方は、全米スクールカウンセラー協会（American School Counselor Association, ASCA）が一九九九年の年次大会で採択した声明にも反映されている。[13] ここで、その一部を引用しよう。

「スクールカウンセラーは、生徒の学業の進展、キャリア発達、人間的・社会的成長の促進を目的とし、他の個人及び組織（団体）と協力しつつ生徒を擁護する職員である。スクールカウンセラーは、生徒が成功をおさめる（be successful）ことができるよう、教育的指導チームの一員として、教師・管理職・家庭へのコンサルテーションと彼らとの協力を行なう。また、スクールカウンセラーは、生徒達と彼らの家族に代わって、学校の各プログラムが教育的発達を促進し、生徒たちの学業での成功の機会を提供することを保障するよう努める。」

ＡＳＣＡの描くアメリカのスクールカウンセラー像からは、問題を抱えた生徒に対する支援や、問題行動への対処等、臨床心理学を中核としたいわゆる危機介入型のカウンセリングを軸とする日本のスクールカウンセラーとの鮮明な違いを読みとることができる。アメリカのスクールカウンセラーは、危機介入型のカウンセリングをその任務に含みつつも、その軸足は生徒の全面的な発達支援におかれているのである。特に、学業成績の向上が全米的教育改革の中心課題とされる今日、高等教育機関への進学支援を含んだ「学業の進展（academic development）」に対する支援への関心が著しく高まっている。

①キャリア・ガイダンス・プログラム事例

各学校で展開されるキャリアガイダンスは、州教育当局による指針あるいはモデルに基づきつつ、詳細な指導計画の作成は各学校に任されている。高校段階においては、「Career Planning」「Career Education」等の科目として実施されるケースも見られるが、多数派ではない。多くは、英語（国語）、社会科等の必修科目の授業時間における当該教科担任とカウンセラーによるティーム・ティーチング、あるいは、必修科目の授業時間の一部をカウンセラーが譲り受ける形での実施、いずれかの形態が採用されている。また、個別進路相談（キャリア・カウンセリング）については、年度ごとに一～二回カウンセラーとの面談が義務づけられるケースが圧倒的多数を占め、校長等が当該面接のための授業欠席を許可する方式が採用されている。高校における科目履修申請書類には、保護者の承諾（署名）に並び、カウンセラーの承諾を求めるケースがほとんどを占める。

表2—5　Missouri Comprehensive Guidanceの構造

領域Ⅰ：Career Planning and Exploration　キャリア計画と探索
Career Awareness：キャリア認識
Career Exploration：キャリア探索
領域Ⅱ：Knowledge of Self and Others　自己理解・他者理解
Self-Concept：自己理解
Conflict Resolution：対立状況・葛藤の解決
Personal Responsibility：責任感
Peer Relationship：友人関係・人間関係
Decision-Making Skills：意志決定スキル
Substance Abuse Prevention Programs：薬物乱用防止プログラム
Cross-Cultural Understanding：異文化理解・多文化教育
領域Ⅲ：Educational and Vocational Development　教育的・職業的発達
Study Skills：学習スキル
Planning Programs of Study：学習計画・履修計画
Pre-Employment Skills：社会人としての基礎技能
Job Preparation：職業への準備
Post High School Decision-Making（transitioning）：高卒後の進路決定・移行

アメリカで実施されるキャリア・ガイダンス・プログラムの一例として、ここでは、ミズーリ州教育省が作成したMissouri Comprehensive Guidance の構造を示す（表3—5）。Missouri Comprehensive Guidance は、ミズーリ大学のガイスバース（Gysbers, N.）を中心とした特別委員会が、一九八四—八五年度に行なった州内二二学校区における試行を経て作成したもので、八〇年代後半にはすでにアラスカ州、ユタ州、バーモント州、オレゴン州、テキサス州、ニューハンプシャー州等においてもキャリア・ガイダンス・プログラムの基盤として採用されている。[14] これは、キャリアガイダンス研究の第一人者としてのガイスバースの影響力によるところが大きい。

初等中等学校全学年を通じたキャリア・ガイダンスの実施を企図する本プログラムの特質は、自己理解・他者理解（領域Ⅱ）に多様な活動を包含し、青少年の問題行動の予防教育としての一面も兼ね備えている点に求められる。当該領域には、小学校段階から、仲間との意見対立・いわれのない中傷・いじめ等の状況におかれたときの対処の方法に関する討論やワークシートを使ったグループ学習等が組み込まれる「対立状況・葛藤の解決」の他にも、「薬物乱用防止プログラム」、「異文化理解・多文化教育」等の下位領域が準備されている。日本の学校教育用語で言えば、生徒指導（生活指導）と進路指導（キャリア教育）とを統合し、その体系的・計画的実施を可能とするプログラムとして見なされる。

②就職支援に直結したキャリア・ガイダンス・プログラム

次に、このようなキャリア・ガイダンス・プログラムを具体的な就職支援に直結させたオハイオ州の事例を挙げる。同州では、「キャリア・パスポート（Career Passport）」とよばれる記録帳（ポートフォリオ）を州内全域に導入し、その定着と活用が進んでいる。(15)

オハイオ州におけるキャリアパスポート制度の導入検討は一九八〇年代末から開始された。州教育省の担当部局（Center for Curriculum and Assessment 内 Career-Technical and Adult Education, CTAE）は、中等教育段階のキャリア・ガイダンス・カリキュラムの強化、特に、生徒の自己認識の深化・自己の再発見に働きかけるしくみとして、八学年からの「個別キャリア計画（Individual Career Plan, ICP）」と、一一学年からの「キャリア・パスポート」の導入を構想したのである。その本格的運用は一九九四年に開始されている。

個別キャリア計画（ICP）は、「年次ごとの履修計画・卒業後の進路計画記録用紙（Career Pathway）」

「自己理解及び職業体験記録用紙（Career Skills Builder）」「職業興味・適性検査結果及び州統一到達度試験結果等記録用紙（Assessment Record）」の三種類の用紙によって構成され、これらには州統一の書式が定められている。これらの定型書式の他に、各種受賞記録や学習活動記録等を任意に加えた個人フォルダーが学校で一括保管され、キャリア・ガイダンス及びカウンセリングの際に、それらの記入と活用が図られるのである。ＩＣＰは進路学習に資する個別資料として州内の中等教育諸学校に広く定着している。

一方キャリア・パスポートは、第一一学年からＩＣＰに並行して作成されるポートフォリオである。これは高校卒業後の進学・就職に際して、調査書に記入されない学習成果に対する社会的評価を樹立することを目的に導入された。ＩＣＰが教育活動としてのキャリア・ガイダンス及び個別カウンセリングに資することを最大の目的としていることとは対照的に、キャリア・パスポートは「第三者評価」を前提に作成される個人の学習記録帳である。一九九四年に州教育省が定めた標準規格では、レターサイズ（Ａ４判相当）の書類が収納できる堅牢なクリア・ポケット（透明エンベロープ）４葉が、茶色のハードカバー内に綴じられている。今日、州が定める収納基本書類は、(a)学校区教育長または学校長推薦書、(b)履歴書、(c)各種技能証明関係書類（自己紹介／自己推薦書 narrative、調査書、職業技術習得証明書類）、(d)その他任意書類（課外活動記録、受賞記録、作品録等）となっており、州内の各高校ではそれに準拠するキャリア・パスポートの運用が進められている。(16)

従来の調査書ではカバーしきれない多様な学習経験に対して、進学・就職時の評価を樹立しようとした州教育省の所期の計画は、温度差のある結果（途中経過）を生み出して今日に至っている。高卒者を雇用する州内事業所からはおおむね好意的評価が得られていることとは対照的に、高等教育機関における認知は確立されていない。

企業からの高い評価は州内各地の商工会からの支持によってもたらされた。これは、教育省担当官の個人的人脈によるところが大きいが、現在、州内事業所では高卒者の就職面接時の資料としてキャリア・パスポートの提出を求めるケースが多い。

一方、高等教育機関では、(a)州外からの志願者がキャリアパスポートを準備していないこと、(b)大規模校における入学者選抜過程の煩雑化につながること、等を理由としてキャリアパスポートを入学願書提出時の提出書類として認めていないケースが大多数を占め、一部の私立大学での受け入れが確認されるにとどまっている。

4―2　学校における職業教育の諸相

連邦の職業教育関連法の改訂動向が明確に示すように、学校における職業教育は九〇年代以降、その方向性を大きく変えてきた。この質的変容は、多くの教育研究者及び職業教育実践に携わる人々からの支持を得ている。例えば、リンチ（Lynch, R.）は、今日求められる「新たな職業教育（“new” vocational education）」が、アカデミックな側面における厳格さを備え、個々のキャリア展望と密接な関連性を有し、高度な数学・理科（科学）・技術・言語、各領域の学習を職場や地域でどのように応用するかを具体的に示すものであると捉える。そしてそれは、アカデミックな教科学習に代替する存在ではなく、むしろ現実社会のコンテクストにおける応用を軸にアカデミックな学習の質を高めるものであり、高等教育への接続を支援するものでなくてはならないと位置づける。(17)

このような職業教育の変容を典型的に示すのが、九〇年パーキンス法によって新たな連邦援助規定が設けられ、今日でも活発な実践が継続されているテックプレップ制度であろう。

テックプレップ制度

テックプレップ制度（Tech-Prep programs）とは、第一一学年より開始されるもので、高校における二年間の教育と、準学士の取得可能な高等教育機関における二年間の教育とを有機的に接続させ、四年一貫教育として位置づける点に最大の特質を有し、この特徴から「2＋2」制度とも呼ばれる。具体的には、当該四年間で、エンジニアリング・工業・農業・保健・商業等のうち一領域以上の専門的職業教育科目の履修と、数学・自然科学・コミュニケーション科目の計画的・継続的履修との双方を義務づけ、かつ、就労先の確保に向けた指導・援助を与えようとするものであり、今日では、一部の四年制大学の参画もすすんでいる。従来型職業教育においては、高等教育機関への進学機会を事実上閉ざされる傾向が強かった層に対して、新たな可能性を付与する制度と言えよう。テックプレップ制度に対する連邦補助金を受ける上では、高校に続く高等教育機関での二年間を、訓練生制度（apprenticeship programs）で代替させることも可能であり、各州・各地方でのテックプレップモデルには多様性が確認される。しかし、全米的傾向としては、高校と州立短期大学（コミュニティー・カレッジ）

との連携による運営が圧倒的に多い。

その他の職業教育プログラム

このテックプレップ制度に平行して、学校教育段階では、コオペラティブ教育（cooperative education）、青少年訓練生制度（youth apprenticeship）、キャリア・アカデミー（Career Academy）等の実践が蓄積されている。その具体像は以下の通りである[18]。

①コオペラティブ教育

高校におけるコオペラティブ教育は今世紀初頭からの歴史を持つ。既に一九六〇―六一年度において、全米の高校の四〇％においてコオペラティブ教育が実施されているとの報告[19]もあり、①地元企業の求める若年労働者の育成に貢献し、②生徒にとっても収入源としての魅力があり、③安い労働対価の支出ですむという企業側の利益にも合致する等の理由から、今日でもなお多くの高校において実践が継続されている。九〇年パーキンス法においては、コオペラティブ教育を次のように定義している（Sec.521(8)）。

コオペラティブ教育とは、学校と雇用者間の明文化された協定書に基づいて、個人に職業教育を与えるための指導方法であり、そこでは、必修アカデミックコースの授業と職業的な指導が、学校での学習と職場での仕事を交互に行なう方策を通じて与えられるものとする。学校での学習と職場での仕事を交互に行なう方策は、教育の向上と雇用可能性の拡大の双方に寄与するため、学校及び雇用者の両者によって計画され管理されるものとする。交互に行なう周期は、半日ごと、一日ごと、週単位、または目的に適したその他の期間とする。

②青少年訓練生制度

スターン（Stern, D）によれば、アメリカにおける青少年訓練生制度の定義は確定段階に至っていないとされる。しかしその特質について彼は、アメリカ国内で正式に認められている少数の訓練生制度の対象となるには年齢的に低く、その数も多い高校生に対して、構造的に計画された職場での学習を提供しようとするところにあるという。[20]

一方、連邦労働省は青少年訓練制度の特質について、(a)コオペラティブ教育同様に職業経験を与えるものの、学校教育との連携はより強固であり、(b)正規訓練生制度が実施されている職業分野に必ずしも領域を限定せず、(c)テックプレップ制度同様、高等教育機関における教育を包含するケースもあるが、職場での学習を必ず含む点でテックプレップとは一線を画すと解説している。[21]

③キャリア・アカデミー

キャリア・アカデミーは、低学力や出席不振などの問題を抱える生徒を主たる対象とした実践として知られている。スターンらはキャリア・アカデミーの主たる特質を、(a)高校における「学校内学校（a school-within-a-school）」として位置づけられ、(b)自ら志願して選考された生徒を対象とし、(c)当該地域で雇用機会が充分にある職業分野に焦点を当てつつ、それに並行してアカデミック科目の系統的学習を義務づけ、(d)アカデミーに在籍する生徒には協力企業における夏季雇用の機会が与えられる等と整理している。[22] キャリア・アカデミーの先行的実践事例は、一九六九年にフィラデルフィア市に設立されたフィラデルフィア・アカデミーまでさかのぼることが可能であるが、八〇年

表2―6　職場における学習の多様性と体系（ミネソタ州）

職場における学習の形態	実施期間	単位認定者資格*
青少年訓練制度 Youth Apprenticeship	長期***	要
コオペラティブ教育 Cooperative Work Experience		
有給インターンシップ Paid Internship		
地域学習（心身に障害のある生徒）Community Based		
メンターシップ Mentorship**	長期／短期****	不要
無給インターンシップ Non Paid Internship		
地域奉仕活動 Service-Learning		
ジョブシャドウ Job Shadowing	短期*****	
職場見学 Worksite Field Trip		

註　*州教育委員会による「職場における学習の単位認定者」としての資格（endorsement）
　** 生徒が関心をもつ職種に従事する社会人をメンターとして選任し、社会人・職業人としての指導・支援をおこなうもの。メンターは商工会等における人材バンクへの任意登録者から選任されることが多い
　***最低1学期間、通常は1学年あるいはそれ以上にわたって継続的になされる学習
　****「長期」の場合の単位認定には、有資格者があたることが望ましい
　*****1学期あたり40時間またはそれ以下

資料　Department of Children, Families & Learning, *Connecting Youth to Work-Based Learning: Blueprint for a Quality Program*, 2003, p.23, p.30

代にカリフォルニア州やニューヨーク市を中心に制度として公認されるに至り、九〇年代に入って全米的な広がりをみせた。

「職場における学習」の体系――ミネソタ州の事例

アメリカにおける職業教育は、実践の蓄積が見られるコオペラティブ教育が示すように、職場における実践的教育・訓練を重視してきた。一九九四年の移行機会法が「職場における学習」「学校における学習」の統合をその中核的実践方策として位置づけたことにより、職場での学習への関心はさらに高まり、多様な実践がなされている。ここでは、ミネソタ州の子ども・家族・学習省（Department of Children, Families & Learning, 二〇〇三年六月より教育省に名称変更）が職場における学習の拡充のためにまとめた冊子（*Connecting Youth to Work-Based Learning: Blueprint for a Quality Program*, 2003）を事例として、その多様性と体系を整理する。

ミネソタ州においては、職場における多様な学習は、その実施期間及び単位認定者の資格の観点から体系化されている（表2―6）。ミネソタ州子ども・家族・学習省は、これらの職場における学習それぞれの特質を具体的に解説しているが、ここではまず、相互に類似する形態のうち、無給インターンシップ、有給インターンシップ、コオペラティブ教育をめぐる記述を抄出し、これらの相違点を把握することにしたい。

無給インターンシップの典型事例としては、次のような特質が挙げられている。「(a)実施期間は五〜二〇日間、その合計時間は四〇時間あるいはそれ以下であること、(b)対象は職業教育関連の授業を履修している第一〇学年以上の生徒であること、(c)体験を行なった事業所・企業・業種に関する様々な側面を理解させ将来の進路選択に資することを目的とすること、(d)事業所内の各セクション（部・課・係等）がどのような役割分担をしているかを理解させ、複数のセクションでの実地体験を経ること、(e)インターン期間を終了するまでに、労働者間のチームとしての協力関係が重要であることを体得させるようにすること。[23]」

また、有給インターンシップとコオペラティブ教育の違いについては、次の指摘がある。「コオペラティブ教育と有給インターンシップとは、しばしば互換的な用語として使用される。両者を区分するためには、インターンシップがこれまで学校で学んできた様々な領域の学習に直接的に接続する経験であり、コオペラティブ教育は専門的職業スキル及びその他の職場において求められるスキルの獲得を主眼とすることに着目することが必要となろう。インターンシップはそれまでの職業教育を中心とした一連の学習と密接に関連をもつものである。[24]」

次に、日本でも関心の高いジョブシャドウについて、ミネソタ州当局による解説を引用する。「ジョブシャドウとは、典型的に、中学校段階の後半あるいは高校段階の早期に実施されるキャリア探索活動の一環をなす。特定の職種あるいは作業における日々の実際を経験するため、参加する生徒は事業所においてひとりの職業人を1日あるいは2日間観察する。場合によっては、複数の部署、複数の職業人を観察することもある。[25]」ジョブシャドウは、特定の職能技術の習得をめざすものではなく、職場の実際を観察することによって自らの関心や興味を再吟味する契機を提供する体験的学習としての特質を持つ。短時間の職場見学では知り得ない職業人の「働きざま」の一端に触れることとそれ自体が有する教育的価値に注目した実践であるとみなすことができる。

なお、ジョブシャドウの推進のため、連邦教育省、連邦労働省、非利益団体であるアメリカズ・プロミス（America's Promise）、ジュニア・アチーブメント（Junior Achievement）の四者が「ジョブシャドウ連盟（Job Shadow Coalition）」を組織しており、全米的な振興に寄与している。

5　若年失業・無業者に対するキャリア教育と就業支援

次に、若年失業者・無業者及び、失業の危険性にさらされる中退者に対する就職支援施策の具体像に迫ろう。まず、中退者に対する就業支援の具体策から、高校修了認定制度と、再チャレンジの方途を提供しはじめた学校教育内におけるプログラム事例を紹介する。次いで、一九六四年に創設され全米最大規模の若年就職支援施策として今日に至るジョブ・コア（job corps）の制度的特質、運用実態を明らかにしたい。

5―1　中退者に対する就業支援施策の諸相

高校教育修了認定――GEDとNEDP

すでに本章でも整理したとおり、初等・中等教育段階からの中退者は、失業・無業状況に背中合わせとも言える不安定な就労状況と、著しく低い所得水準から離脱が困難な状況に陥る危険性に常にさらされている。中退者たちに対して、高校卒業資格あるいは同等の社会的評価を獲得させることは、それ自体が就業支援としての側面を持つと言えよう。ここでは、全米規模で運用される二つの制度の概要を示す。

①ＧＥＤ試験による高校卒業同等証書の授与

およそ半世紀に及ぶ歴史をもつ「一般教育発達試験（General Educational Developmental Tests 以下、ＧＥＤ試験）」は、一六歳以上の高校中退者で、かつ、学校教育機関に在籍していない者を対象に行なわれ、その合格者には居住地の州教育当局から「高校卒業同等証書（high school equivalency diploma）」が授与される。毎年、全米で七〇万人を超える者が当該証書を得ており、高等教育機関のおよそ九五％が当該証書を通常の高校卒業証書と同様に扱うものとされ、公的奨学金を得る上でも通常の卒業証書取得者との格差は一切ない。ただし、受験希望者が一六・一七歳のケースに限り、本人が勤労者の場合には雇用者・軍所属の場合は入隊事務担当官・入院中あるいは矯正機関に入所措置されている者の場合は当該機関の長による受験申請許可書の提出が求められ、一八歳未満の受験を認めない州もある。当該テストは、英語・フランス語・スペイン語のいずれかで受験可能であり、言語技能（択一式七五分・小論文四五分）、社会科（択一式八五分）、理科（択一式九五分）、文学（択一式六五分）、数学（択一式九〇分）によって構成される。また米国式点字、問題朗読テープ、拡大文字印刷による出題も行なわれる。なお、連邦教育省は、ＧＥＤ試験の合格が中退者の就労における安定度と収入を高める手段として有効に機能していると評価し、ＧＥＤ試験受験準備プログラムへの連邦補助金支出が「人的資源への投資」としての側面を持つと述べている。(26)

②ＮＥＤＰにおける技能評価

一方、職務経験等を通じて獲得した諸技能の評価を軸とする「全米外部卒業証書プログラム（National External Diploma Program　以下、ＮＥＤＰ）」は、二一歳以上の成人を対象とするものであり、これによって高校卒業者と同等の諸技能を修得していることが認定された者に対しては、居住地の学校区教育委員会から、通常の高校卒業証書が授与される。一九七九年に創設された本制度によって卒業証書を得た者は、今日までに総数一万人を超え、その平均年齢は三七歳となっている。NEDPは、一九七二年にニューヨーク州が創設した成人向けの高校卒業認定プログラム（External Diploma Program）をもとに全米的な制度として確立したものである。ニューヨーク州では、ＧＥＤ試験が従来型の筆記試験であることに鑑み、その形式自体や、準備過程としての「伝統的な」学習が障壁となり中退者のままとどまっていた者に卒業証書を与える仕組みとして、本プログラムを構想したと言われている。[27] 今日、ＮＥＤＰを運用しているのはワシントン特別区の他一〇州に達する。なお、一九九〇年にＮＥＤＰにより高校卒業証書を得た者に対する調査では、高校卒業証書取得後における就業率の向上が確認されており、ＮＥＤＰ受験前六六％であった就業率は、合格後、同年内に七一％まで向上している。[28] 中退者に対する就業支援としての効果の一端が示されているといえよう。

ＪＡＧ　中退ハイリスク層及び中退者に対する就職支援プログラム

デラウエア州で採用されていた職業教育を軸とする高校中退予防プログラムを基盤として一九八〇年にスタートしたJAG（Job for America's Graduates）は、非利益団体 Jobs for America's Graduates, Inc. が運営する中退予防及び中退者支援プログラムである。創設当初、高校最終学年（第一二学年）のみ対象とした中退予防・就職支援・卒業後の就労継続支援プログラムであったＪＡＧは、一九八六年に中退予防プログラムの対象を第九学年からの四年間に拡大し、一九九八年にはすでに中退した者に対する支援プログラムを新たに導入して今日に至っている。

①プログラムの概要

今日、ＪＡＧを構成するプログラムは、第九―一二学年生対象の中退予防プログラム（Multi-Year Program/ Dropout Prevention Program）、第一二学年対象の就業・進学支援プログラム（Senior Program/ School-to-Career Program）、中退者プログラム（Dropout Recovery Program）に区分される。これら三プログラムに共通して、(a)ＪＡＧ（直接的には各州・地域支部）から任命されたＪＡＧ専門家（JAG Specialist）が、プログラム参加者の履修指導・学習相談・進路相談等の個別指導にあたっており、ＪＡＧ専門家は提携公立高校内に専用のオフィスを原則無償供与されて常駐していること、(b)プログラム参加者は専用の生徒会の会員となることが義務づけられ、州内協賛企業から派遣された職員も当該生徒会のメンバーとして加わり、生徒会単位での講習会等の行事が実施されること、(c)高校卒業後一二ヵ月間、個別の追指導（follow-up）が必ず行なわれること、(d)八一項目に及ぶ全米共通達成目標が設定され、ＪＡＧ参加者の多面的成長を支援しその評価を行なう上での客観的基準となっていること、が顕著な特質となっている。

②ＪＡＧ専門家の役割

生徒の個別指導にあたるＪＡＧ専門家は、ひとりあたり原則として三五―四五名程度の生徒を担当し、スクールカウンセラー、教科担当教員との連携のもとで、夏期休業中も継続した指導に当たる。出席すべき授業等に欠席がちな生徒に対しては、電話・電子メール等を通じて積極的な接触を試み、専門家と各生徒間の個人的人間関係を通して、学校及びＪＡＧプログラムへの帰属意識を高めている。また、このような個人的人間関係の構築・維持は、三ヵ月に及ぶ夏期休業中も継続される。中退の危険性が高まる長期休業中に、電話・面接等によってコミュニケーションを維持し、各種夏期講座（ＪＡＧプログラム参加者専用講座を含む）等への参加支援を行なうのである。プログラム参加者による生徒会の組織化も、人間関係を軸としたアプローチの一環としての機能を有する。

また、ＪＡＧ専門家を学校に常駐させることは、当該専門家からの支援が「学校からの支援（少なくとも学校を経由した支援）」として生徒に提供されることを意図するものである。これは、中退の危険性が高い生徒に対して「たとえ長期休業中であっても自分を常に見守り、応援してくれる存在が学校にいる」という精神的支えを生み、中退者に対しては「学校は自分を見捨てていない」という安心感を基盤としつつ学校教育そのものに対する信頼感を復活させるしくみとして見なされよう。さらに、ＪＡＧ専門家は、地元協賛企業との連携による就職斡旋においても中核的な役割を果たし、学校から職業への移行の全般を支援する存在となっている。

5—2　ジョブ・コア（Job Corps）

一九六四年に開始されたジョブ・コアは、一六歳から二四歳までの社会的に不利な立場におかれた若者を対象とした連邦労働省直轄の教育職業訓練プログラムである。参加者は、職業訓練と一般教養カリキュラムを受講し、規律の厳しい寄宿制による集団生活を経ながら、就労するために必要な意欲・構え・知識・技能を身につけていくことが期待されている。ジョブ・コアは、社会・経済的な意味で最底辺層に位置する若者に、体系的教育訓練と、健全かつ規律ある生活の場を提供することを通して、職業生活への移行におけるセカンドチャンスを与えており、その評価は極めて高い。

ジョブ・コアの運営

ジョブ・コアの管理組織としては、連邦労働省内におかれたジョブ・コア本部（The Job Corps National Office）の他、ボストン、ニューヨーク、フィラデルフィア、アトランタ、シカゴ、ダラス、カンザス・シティー、デンバー、サンフランシスコ、シアトルに地域管轄支部（regional office）が設置されている。また、実際に若者の教育・訓練プログラムを開設するジョブ・コア・センターの経営形態は、①競争入札による受託契約に基づいて、民間営利企業・NPO等に運営を委任する場合（九〇ヵ所）、②連邦農務省・内務省管轄の公有地・国立公園などでの業務従事者の養成を主たる目的とし、当該各省に運営委託する場合（二八ヵ所）に大別される。

個別センターの具体的な運営、例えば参加者募集・選抜の基準や方法、入所者に対するキャリア移行支援サービス等の詳細は、運営団体ごとに異なる。しかし、その対象を、貧困層に限定し、特に高校中退・人種民族的マイノリティーなどの「不利な立場」におかれた者の中から、自らジョブ・コアに参加しようとする意思を表明した者を選抜するという原則は、全センターが共通に採用している。また、全センターとも、寮費・食費・授業料等のすべての経費を完全無償としており、参加者に対しては二週間ごとに二五ドル～五〇ドルの小遣いを支給している。

教育訓練の効果

①移行支援効果　連邦労働省の委託による調査研究 *National Job Corps Study: The Impacts of Job Corps on Participants' Employment and Related Outcomes*（2001）では、ジョブ・コアの移行支援プログラムとしての効果測定結果が示されている。本研究によれば、ジョブ・コアは、ⓐ平均して高校での1年間の在学に相当する一〇〇〇時間の教育訓練プログラムを各参加者に提供し、ⓑG

ＥＤ試験合格及び職業資格取得に大きく貢献し、(c)プログラムからの離学（終了・中退の双方を含む）者においては、離学後三年目より、統制群（ジョブ・コアの対象となり得る状況にありながら、ジョブ・コアに参加しなかった者）に比べて有意な収入増が確認され、(d)離学者の検挙・逮捕率を一六％減少させ、(e)離学者が犯罪被害者となる確率も有意に下げる、等の効果を発揮している。[29]

②対費用効果　また、対費用効果分析 *National Job Corps Study: The Benefits and Costs for Job Corps*（2001）では、ジョブ・コア・センターにおける教育訓練投資額一ドルあたり、アメリカ社会が得た利益は二・〇二ドルと算出されている。この分析においては、修了者の個人収入・税収入・育児費用（修了者自身が子どもの育児のために支払った費用）、ジョブ・コア・センターが他の教育訓練機関（高校、職業訓練機関等）に代替して教育訓練を行なったことによる公的支出の節約、犯罪率の低下による社会的利益、ジョブ・コア・センターの運営費が、費目として組み入れられている。このうち、最も寄与率が高いのは、修了者自身の収入である。修了者はその統制群に比べて、生涯で約二七、五〇〇ドルの収入増となっている。[30]

6　おわりに――日本への示唆

日本においても、若者自立・挑戦プランが策定され、小学校から高校に至るキャリア教育や、学校から職業への移行期に困難を抱える若者を対象とした支援施策が展開されはじめた。これら諸施策と、アメリカにおける移行支援制度・実践とを比較した場合、次の各点が鮮明な違いとして浮かび上がってくるように思われる。

①学校段階におけるキャリア教育・就業支援における中核的担当者の配置とその専門性
②職場における体験的学習の体系性と多様性
③ターゲット集団を特定した積極的キャリア教育と就業支援
④プログラム効果測定

日本の学校では、担当する授業、担任としての職務、部活動の指導、その他の校務分掌等により、すでに過重責任を負っている教員が、キャリア教育の計画・運営・実践の中核となっている。また、中学校における「職場体験」、高校での「インターンシップ」という呼称の違いはあるものの、職場における体験的学習の系統性は充分に確保されておらず、実施することそれ自体が目的となっている段階にあるケースも散見される。さらに、学校から職業への移行が困難となることが予測される者、実際に困難な状況に直面する者がいても、烙印効果を恐れるあまり、アウトリーチを伴う積極的支援が充分になされているとは言い難い。そして、実践の効果分析に関しては、その指標設定の困難さと相俟って体系的・長期的な評価システムの全般的な立ち後れがみられる。

アメリカ社会に事実上存在する格差、とりわけ人種・民族・学歴の違いを背景とした経済格差は顕在的である。それゆえ、アメリカのキャリア教育と就業支援プログラムの多くは、その格差是正を重要な課題として構築・運営されている。二〇世紀中葉まで続いた人種差別政策の「負の遺産」

に正面から対峙し、マイノリティー・グループを中核とした貧困の循環を断ち切るための努力が現在も続けられていると言えよう。格差が存在するゆえに積極的な対策をとらざるを得ないという、アメリカの現実は看過されてはならない。

日本社会は、現時点ではまだ、アメリカほどの格差を顕在化させてはいない。しかし、それだからこそ、学校から職業への移行時に「普通」とされるルートから外れた者は、充分な支援が得られないまま社会から疎外される危険性が強いと言えよう。このような阻害状況に陥らない術を、そして、陥った場合にそこから脱する術を若者が身につける必要性は極めて高く、そのためのキャリア教育と就業支援を体系的に準備する必要性もまた同様である。アメリカの制度と実践から学ぶべきものは少なくない。

注

（1）Grossman, L. 2005 Grow Up? Not So Fast, *Time*, January 24, 2005
（2）Van Dyk, D. 2005 Parlez-Vous Twixter?, *Time*, January 24, 2005
（3）OECD 2000 *From Initial Education to Working Life: Making Transitions Work*, p.78
（4）ibid., p.120
（5）Klerman, J. and Karoly, L.1995 *The Transition to Stable Employment: The Experience of US Youth in their Early Career*, National Center for Research in Vocational Education, p.40
（6）ibid., p.42
（7）アメリカの学校教育における重層的・継続的なトラッキングに関しては、藤田晃之 1999「アメリカの選抜システム」選抜方法研究会（代表佐藤全）『諸外国における高等学校入学者選抜方法に関する調査研究（平成一〇年度文部省委託研究）』pp.1-17において詳しい報告がなされている。

（8）藤田晃之1992「一九八〇年代アメリカにおける『教育の卓越性』の実像―ハイスクール生徒のキャリア開発を視点として―」日本教育学会『教育学研究』第五九巻第二号pp.30-39

（9）例えば、ASCD（1985）*Task Force on Increased High School Graduation Requirements, With Consequences for All*, ASCD

（10）パーキンス法による連邦補助金支出をめぐっては藤田晃之（1992）に詳しい。

（11）Conference Report（連邦下院保存資料）一九九四年四月一九日作成

（12）本法による新たな施策のうち、若年者に対象を限定しない雇用支援の観点から注目に値するのは、「ワンストップキャリアセンター（One-Stop Delivery System）」の整備であろう（Sec. 121）。ワンストップキャリアセンターは、職業訓練及び成人教育講座、雇用関連情報（求人情報、求職者情報）、キャリア・カウンセリング等のサービスをひとつのセンターで提供しようとするものであり、「労働力投資地域（Workforce Investment Area）」ごとに最低一ヵ所の設置が義務づけられている。「労働力投資地域」とは、学校区、コミュニティーカレッジの通学区、単一の労働市場を構成する範囲等を参考に、州知事が指定する地域区分である（Sec. 116）。なお、ワンストップキャリアセンターについては、上西充子1999『アメリカの職業訓練（資料シリーズNo.96）』日本労働研究機構に事例紹介を伴う解説がなされている（pp.222-225）。

（13）本声明は、ＡＳＣＡの公式ウェブサイト（http://www.schoolcounselor.org/）にも掲載されている。また、スクールカウンセリングに関する本協会の立場は、ASCA 2003 *The ASCA National Model: A Framework for School Counseling Programs*, ASCAに詳しい。

（14）Gysbers, N. C., & Henderson, P. 1998 *Developing and Managing Your School Guidance*

Program, American Association for Counseling and Development

(15) オハイオ州におけるキャリアガイダンスの実践に対しては、連邦教育省が設置する全米キャリア職業教育普及センター（National Dissemination Center for Career and Technical Education）によって、二〇〇二年度中等教育部門における最優秀プログラム（Exemplary Program）のひとつとして選定された。二〇〇二年度中等教育部門最優秀プログラムには全米から七実践が選ばれている。

(16) 州教育省では外郭団体（Career Education Association）に委託して普及用ビデオ（Career Passport: "Make Your Dream a Reality", 1997）を作成し、各高校、大学、商工会に無償で配布している。

(17) Lynch, R. L. 2000 *New Directions for High School Career and Technical Education in the 21st Century*, ERIC Clearinghouse on Adult, Career, Vocational Education, p.1

(18) 藤田晃之 1997「中等教育におけるキャリア・ガイダンスと就職支援」日本労働研究機構『欧米における学校から職業への移動期の指導援助』から一部再掲した。

(19) 菊池守 1965『変革期に直面するアメリカの職業教育問題』国立国会図書館調査立法調査室、（国会審議用資料）p.43

(20) Stern, D. et al.1994 *Research on School-to-Work Transition Programs in the United States*, National Center for Research in Vocational Education, p.23

(21) U.S. Department of Labor 1994 *The School-to-Work/Youth Apprenticeship Demonstration: Preliminary Findings*, Research and Evaluation Report Series 94-E, pp.6-7

(22) Stern, D., Raby, M. & Dayton, C. 1992 *Career Academies: Partnerships for Reconstructing American High Schools*, Jossey-Bass（なお、日本におけるキャリア・アカデミーの先行研究には、金子忠史 1995「キャリアアカデミーの設立―職業高校の再構築に向けて」現代アメリカ教育研究会『学校と社会との連携を求めるアメリカの挑戦』教育開発研究所, pp.63-88 がある。）

（23）Department of Children, Families & Learning 2003 *Connecting Youth to Work-Based Learning: Blueprint for a Quality Program*, p.35

（24）ibid., p.42

（25）ibid., p.23, p.28

（26）Boesel, D., Alsalam, E., & Smith, T. 1998 *Educational and Labor Market Performance of GED Recipients*, U.S. Department of Education, p.17

（27）http://www.acenet.edu/programs/calec/Out_Info_Pubs/EDP_facts.html（二〇〇〇年四月に当該ページは削除されている。現在、ＮＥＤＰの全米的調整に当たっているのは、Madison Area Technical Collegeであり、専用サイトはhttp://www.nedp.org/である。）

（28）http://www.nedp.org/

（29）Schochet, P., Burghardt, J. & Glazerman, S. 2001 *National Job Corps Study: The Impacts of Job Corps on Participants' Employment and Related Outcomes*, Mathematica Policy Research, Inc.

（30）McConnell, S. & Glazerman, S. 2001 *National Job Corps Study: The Benefits and Costs of Job Corps*, Mathematica Policy Research, Inc.

第三章　ドイツのキャリア教育と就業支援

坂野　慎二

1　はじめに

ドイツの教育・雇用システムの特色は、青少年の七割程度が前期中等教育終了後に、定時制職業学校に通学しながら企業での職業訓練を行なう「デュアルシステム」である。このデュアルシステムでは、企業が訓練生と一種の労働契約として訓練契約を結ぶ。この契約を結ぶために訓練生希望者は企業の選抜を受け、「訓練席」を確保することが、「第一の労働市場」として機能している。そしてデュアルシステムによる職業教育・訓練を試験に合格して修了すると、「専門労働者」や「職人」といった職業資格を持った労働者として働くことになる。この段階が実際の就職として「第二の労働市場」として機能している。

果たして、デュアルシステムは青少年失業問題を解決するための「特効薬」なのだろうか。また、今後もデュアルシステムは有効なシステムとして機能しつづけるのであろうか。近年、日本でも日本版デュアルシステムといった言葉が使われているが、実はドイツのそれとはかなり様相が異なるのである。(1)

本章は、ドイツのキャリア教育とデュアルシステムに関する政策を整理するとともに実態を分析し、次のようなドイツの特色を析出することを試みる。(1)前期中等教育段階でキャリア教育が推し進められている。(2)企業側の経済状況を反映し、職業訓練を実施するための企業による訓練席の提供は減少している。このため、「第一の労働市場」におけるミスマッチが続いている。(3)「第二の労働市場」に参加するためには「第一の労働市場」参入が重要な鍵となっており、そのために連邦政府は多様な支援プログラムを提供してきた。しかしながら、若年失業者を減らすことには十分な成果があがっていない。(4)二〇〇五年四月施行の職業教育法改正やマイスター制度を定める手工業規則の二〇〇三年の改正によって、これまでの厳しく定められていた職業訓練を柔軟化し、マイスターの権限が縮小された。しかし同時に訓練の質が低下し、デュアルシステム自体の存続意義が問われる可能性がある。

2　ドイツの教育・訓練制度

2―1　教育制度の概要

ドイツの学校制度は、日本の単線型学校制度とは異なり、いわゆる分岐型学校制度になっている。ドイツでは、四年間の基礎学校（小学校）終了後、生徒は大学進学をめざす九年制ギムナジウム（一部の州では八年制）、中級技術者を目指す六年制実科学校、職人や専門労働者を目指す五年制ハウプトシューレの三つの経路のいずれかに分かれる。これら三つの経路を合わせた総合制学校を選択することも可能であるが、総合制学校への通学率は一〇％程度に過ぎない。

後期中等教育段階では、ギムナジウム上級段階へと進む者は三分の一程度である。一部の者は専門上級学校へと進み、専門大学入学資格の取得を目指す。残りの者及びギムナジウム上級段階を修了あるいは退学した一部の者は、デュアルシステムと呼ばれる職業教育・訓練制度へと進む。このデュアルシステムで職業教育・訓練を受ける者は、青少年のおよそ七割程度に上る。

義務教育は一六ある州により異なるが、九または一〇年である。その後、パートタイムの就学義務が三年ある。つまり一般には一八歳（ドイツでは一八歳で成人である）に達し、ギムナジウム上級段階を終了するか、職業訓練を終了するまで、学校に通うことになる。

図3—1　ドイツの学校体系図

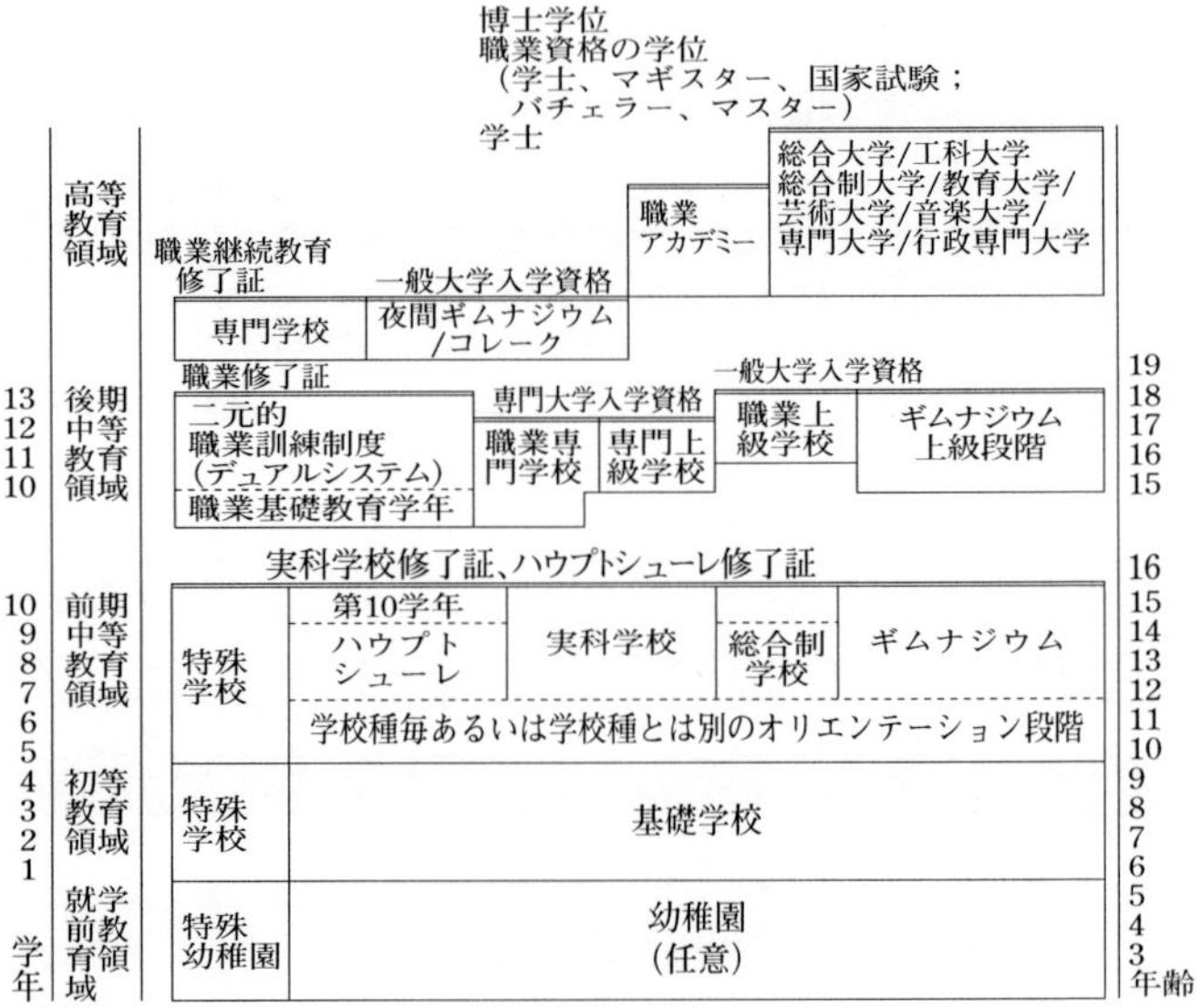

（出典：BMBF. Grund- und Strukturdaten 1999/2000.2000.S.10.）

2—2　普通教育学校から職業教育・訓練制度へ

先にみたようにドイツでは、前期中等教育段階を終了すると、多くの青少年がデュアルシステムと呼ばれる職業教育・訓練制度へ進む。ドイツの職業教育・訓練制度の中核は、このデュアルシステムである。この制度的枠組みは、週三日程度の企業内訓練であり、会議所等が所管している。これに週二日程度の職業学校における普通教育と専門理論教育の授業が組み合わされる。

多くの青少年は前期中等教育段階を終了して、このデュアルシステムに進む。これを前期中等教育段階（中等教育段階Ⅰ）の終了資格によって区分して、大まかな流れをみてみよう。中等教育段階Ⅰ

図3−2　就職までの主な経路（aus:MPI,1994.546.一部坂野改訂）

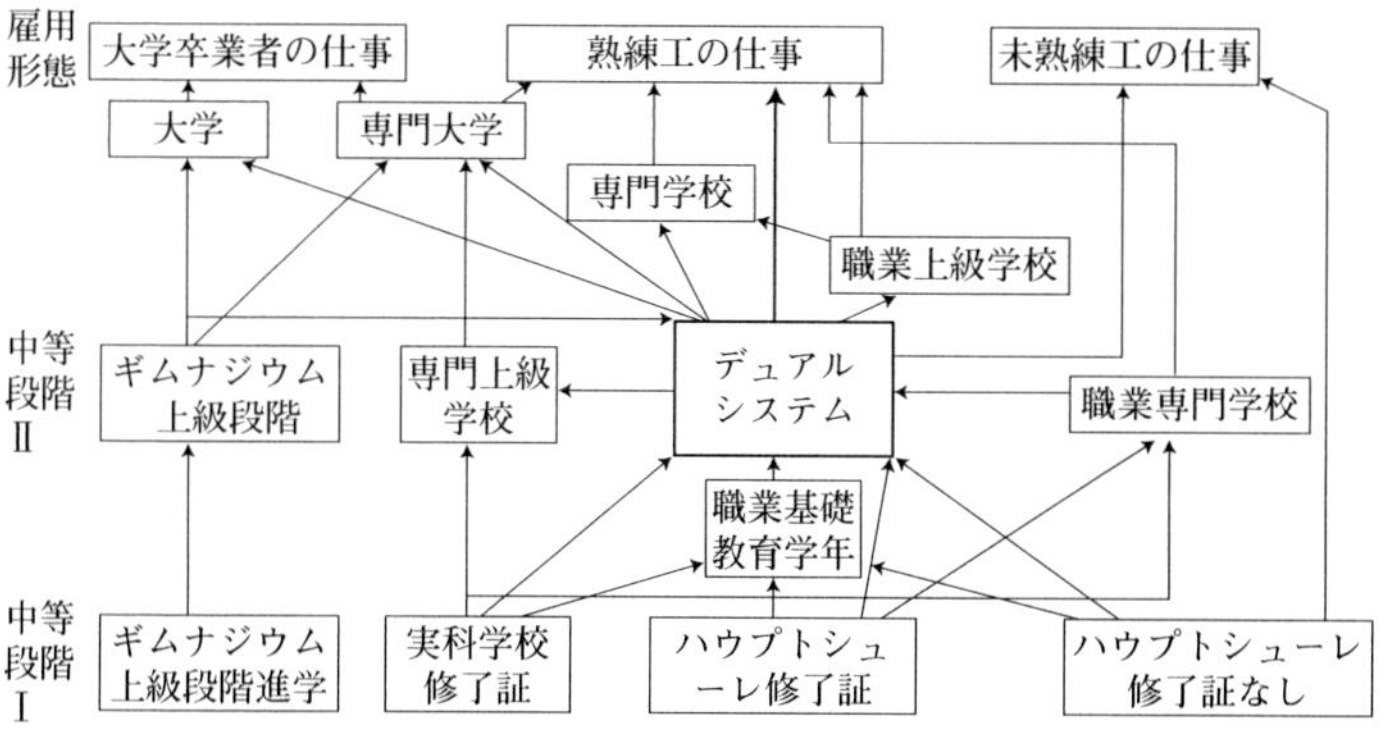

の終了は次の四つに区分することができる。

①ハウプトシューレ修了証なし――ハウプトシューレを修了せずに、卒業する者。

②ハウプトシューレ修了証をもつ者――ハウプトシューレを修了した者。

③実科学校修了証をもつ者――実科学校を修了した者。

④ギムナジウム上級段階進学資格をもつ者――ギムナジウム第一〇学年を修了した者。

学校種別にみてみると、ハウプトシューレ、実科学校及び総合制学校の第九／一〇学年修了者の半数以上、ギムナジウム上級段階修了者の二〇〜三〇％の者がデュアルシステムに進んでいる。このため職業教育・訓練制度の主たる対象者は、前期中等教育を終えた者であると言える。日本で言えば、高校段階の青少年が職業教育・訓練制度の主たる対象者である。したがって、職業訓練以前に行なう職業準備教育は、前期中等教育段階を中心として行なわれることになる。

こうして学校を卒業してデュアルシステムに入ってくる青少年の内訳（二〇〇〇年）は、ハウプトシューレ終了者二一・四％、ハウプトシューレ修了者三一・〇％、実科学校等修了者三六・六％、大学入学資格保持者（ギムナジウム、専門上級学校等）一五・八％、職業教育諸学校からの者が一三・二％となっている（BMBF 2003,81）。

3　前期中等教育におけるキャリア教育

3—1　キャリア教育の導入

職業教育・訓練制度に入る前段階、すなわち前期中等教育段階では、生徒個々人に対応する進路を選択していく知識・能力を育成するために、キャリア教育を行なうことが必要となる。現在、ドイツでは労働科（Arbeitslehre）や他の教科でキャリア教育を教授している。ハウプトシューレ及び総合制学校では労働科は必修であるが、実科学校やギムナジウムでは選択やオプションのところが多い。対象学年はおおむね七〜一〇学年である。

労働科の導入がドイツ全体で推進される契機となったのが一九六九年の常設文部大臣会議（KMK）決議「ハウプトシューレに対する勧告」である（原文はKMK, BS130。労働科導入の経緯については、寺田（2000）参照）。一九六九年のKMK決議における労働科の対象領域は以下の三点が挙げられている。①経済界及び労働界についての一般的オリエンテーション、②労働関係教育、③職業選択への導き（KMK, BS130）。

3―2　労働科の内容

多くの州における学校での職業準備教育の内容は、以下のようになっている（Sekretariat der KMK, 1997. Bd.2. S.7）。

・地域における学校教育と職業教育・訓練についての概観の獲得
・女子および男子の職業選択に対して家族、環境、学校の影響を認識し、自分で決定すること
・個人の諸能力と職業的展望を評価することを学び、職業活動の諸条件を比較すること
・職業経路計画を設計し、個人の諸条件と労働市場の関係とを考慮し、労働局のサービスを活用すること
・職業的流動性並びに地域的流動性の機会とリスクとを認識すること
・社会的、技術的、経済的条件を考慮して雇用機会と雇用の課題を認識し、個人的及び社会的影響について考慮すること
・青少年労働保護の重要な規定並びに労働法の関連規定を知ること

こうした内容を、各教科で職業関連テーマを取り扱い、労働界と関連する教科を越えた授業に拡大すること、職業界の要請に配慮した鍵となる諸能力（Schluesselqualifikationen）を獲得すること、学校の学習内容と手工業、商業、工業、サービス業の学習の場をネット化すること、職業実習・企業

実習の準備・実施・支援・評価、といった事項に留意することが重要である。

3―3　職場訪問と企業実習

生徒が、労働科等で学んだ知識をより深め、確かなものとする機会が職場訪問及び企業実習である。企業実習の実態は各州により異なる。一九九七年のKMK資料並びに吉留（2001）によれば、すべての州において、職場訪問または企業実習が実施されている。実施期間は一～四週間である。ただし先に述べたように、企業実習はすべての生徒が行なっているわけではない。

こうした実習をどの企業で行なうかは、生徒にとって、適職探しの第一歩である。というのも、生徒は実習を行なう企業を原則として自分で探してくるからである。そして卒業後の訓練席を探すための契機にもなるのである。もっとも例外的に教員が実習企業を調整する州もある（ザクセン州）。

実習の時期は第八学年または（及び）第九学年というところが多い。これは卒業する年度の前年度に実施し、その後の職業選択を行なうための重要な機会とすることを意図しているためである。企業実習のための長期的な準備教育が労働科で行なわれるともいえよう。

例えば、ヘッセン州のハウプトシューレでは第八学年と第九学年で二度の企業見学・企業実習を行なうように規定している（二〇〇二年度実施の学習指導要領から）。

第八学年では企業実習の事前事後指導に二二授業時間を予定している。そこでは志願票の書き方、面接のロールプレイ、実習予定表の作成、新聞の求職票による壁新聞の作成、職業訓練や雇用の可能性についてのインタビュー、専門家への質問、会議所の担当者との対話、他の生徒への実習結果の発表、先輩などとの座談会などが予定されている。一度目の企業実習（職場見学）は、いわば情報の収集であり、「地域の職場・訓練席を知る」ためのものである。

第九学年に行なわれる二度目の企業実習は、生徒の実際の職業選択を考慮して、一つの職業を選択して行なう。生徒達は一部の例外を除き、希望する職種を見つけることができないという現実に直面し、他の職種への変更が必要であることを認識する準備ともなる。

3―4　職業選択―学校と職業情報センター（ＢＩＺ）との連携

労働科は第五学年から設置されている州と、第七学年からの州とに大別できる。実際に労働界への移動を意識した指導は一般に第七学年程度から開始される。

現在の職業指導についての連邦レベルにおける制度的枠組みは、一九七一年二月五日のＫＭＫ決議「学校と職業安定所の協働に関する大綱協定」、一九七一年二月一二日の「連邦雇用庁とＫＭＫにおける学校と職業安定所の協働に関する合意」等により規定されている（Sekretariat der KMK1997）。そこでは、職業紹介について、学校と労働局が協力して行なうことが規定されている。

生徒に対して、具体的な情報を提供し、助言する機関が青少年を対象とする労働局の「職業情報センター（Berufsinformationszentrum　通称ＢＩＺ）」である。労働局は連邦雇用エージェンシーが所管する州ごとの機関である。

一般には職業情報センター所属の職業相談員は、対象となる生徒の最終学年の前年度に二度学校を訪問する。彼らはどこでどのような職業関連情報を収集でき、職業選択を相談できるのかを生徒達に知らせる。同時に職業選択に必要な情報を提供し、ＢＩＺや移動型職業情報センター（BIZ-mobil）を訪問する必要性を説明する。学校訪問による主たる目的と内容は、以下の四点を知らせることにある。

・地域の企業内訓練や学校での訓練の提供
・選択的な職業経路計画
・職業選択の際の援助及び助言者
・職業選択に重要な日程と成果

こうした情報を生徒は収集・分析し、ＢＩＺの職員の助けを借りながら、まず希望する職種をある程度絞り込み、その職種の訓練席を提供する予定の企業を探す。デュアルシステムへの参入は、まさに「就職活動」である。希望する訓練職種を希望する企業で見つけることはかなり難しい。その場合、訓練職種を変更するか、その訓練職種の訓練を提供する別の企業を探すのか、という選択を生徒は迫られる。ここに最初の職業選択支援の機会がある。

3―5　前期中等教育におけるキャリア教育

以上のように、ドイツでは多くの生徒が、前期中等教育の段階でキャリア教育を受ける。また、学校の外にある職業情報センター（職業紹介所）の支援を受けて、企業の訓練席を探すシステムが作られている。学校と職業紹介所の連携がうまくいくよう、職業紹介所の職員が学校を訪問し、学校から職業訓練への移行を助けている。こうした職業への意識づけを高めるためのしかけが創られ、訓練席探しを通じて、「第一の労働市場」へと参入する。

4 デュアルシステムによる職業訓練

4―1 デュアルシステムの概要

デュアルシステムによる職業訓練は、中世の徒弟訓練に端を発する（高木 1972）。当時は徒弟に始まり、やがて職人となり、遍歴の旅を重ねて、最後にマイスター（親方）となるという職業訓練モデルであった。一九世紀後半には補習学校が順次義務化されていき、ワイマール時代には企業訓練と職業学校との二元的な職業教育・訓練制度となった。第二次世界大戦後もこうした制度が維持され、今日に至っている（グライネルト 1998）。

今日でもデュアルシステムの中心となるのは企業における職業訓練であり、これに定時制職業学校における普通教育や専門理論教育が行なわれている。日本版デュアルシステムが、学校が中心となり企業の支援を受ける形で行なわれていることとは対照的である。

ドイツにおける企業での職業訓練は、連邦レベルでその大綱的な内容が定められている。職業学

図3―3　デュアルシステムの制度的枠組み

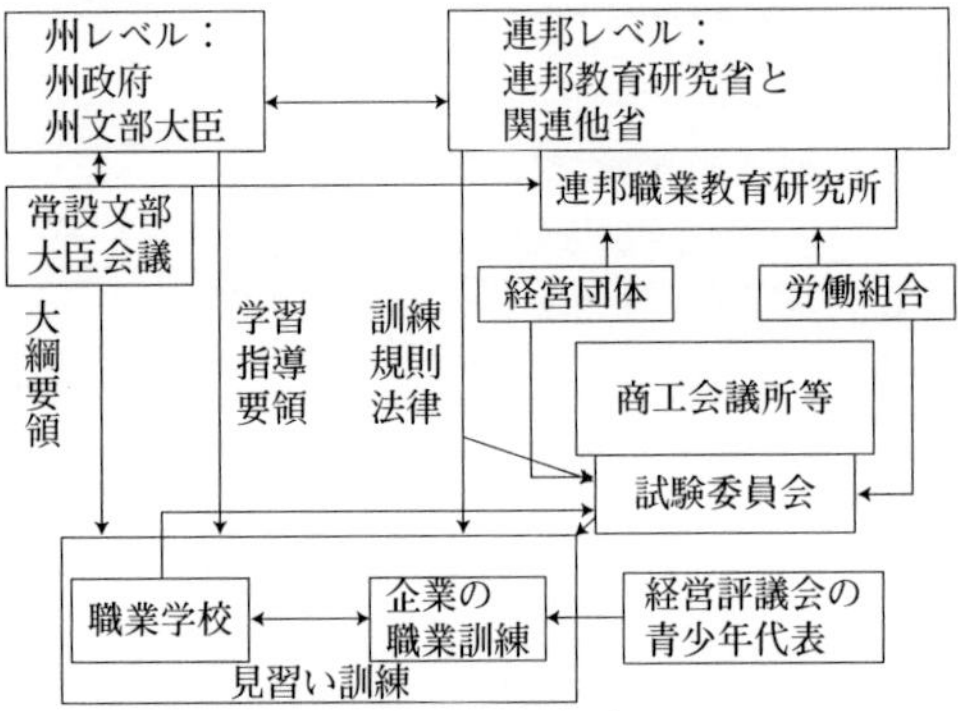

（出典：MPI, 1994. S.558. 一部坂野改訂）

図3―4　職業学校と企業内訓練の比較

	職業学校	訓練企業
設置者	公（州）立	通例私企業
法的権限	州	連　邦
法的根拠	学校法（公法）	職業教育法
監　督	州	会議所（商工、手工業等）
教育・訓練内容規定	州学習指導要領	会議所訓練規則
その重点的内容	理　論	実　践
教育・訓練の受け手	生　徒	訓練生
教育・訓練者	職業学校教員	訓練指導員
上記の者の養成	大学の教員養成	会議所試験＋実務経験

aus: Arnold,1999.S.69.一部坂野加筆

校は各州の文部省所管である。職業訓練を受ける者は企業における訓練生であるとともに、職業学校の生徒である。

4―2　職業訓練の状況

職業訓練の需要関係　一九九〇年の東西ドイツの統一以降、職業訓練席の需給関係は厳しい。とりわけ旧東ドイツ地域においては、従来の国営企業が閉鎖あるいは民営化されたが、市場経済における需要を把握しきれず、厳しい状況にある。一九九〇年代後半以

表3―1　ドイツ全体での訓練席需給

年	新規訓練契約数	未契約訓練席数	訓練席未獲得者数	訓練席提供数	訓練席希望者数	訓練席需給比率	超過/不足
1992	595215	126610	12975	721825	608190	118.7	113635
1997	587517	25864	47421	613381	634938	96.6	−21557
2002	572227	18005	23383	590232	595610	99.1	−5378

降になると、企業は労働力がより安い東欧へ進出しているため、旧東ドイツ地域への企業誘致は進んでいない。そのため、企業が提供する職業訓練席数は一九九三年以降、訓練席希望者数を下回っている。とくに一九九七年には一〇％以上の訓練席が不足した。この数字は訓練職種や地域による需給の不一致は考慮されていないため、実際に青少年・若年者にとって希望する訓練席を確保することがいかに困難であるかを理解することができよう。

職業訓練席の提供者

企業が訓練席を提供することが原則だが、厳しい経済状況から企業以外の訓練席の割合が高くなっている。旧西ドイツ地域においては、全訓練席に対する企業の訓練席の割合はおよそ九五％であるのに対して、旧東ドイツ地域においてにはおよそ七〇％である。連邦や州が訓練席を創出するために重点的な施策として旧東ドイツ地域で行なっている。

職業訓練を実施している企業は、およそ半数である。半数弱の企業は職業訓練席を提供していない。規模別にみると、小企業は訓練席を提供している割合が低く、大企業はほとんどが職業訓練席を提供している。このことは、およそ半数の小企業で、職業訓練を行なう諸条件が整っていないか（人的条件―指導員不足、物的条件―施設の不足）、あるいは職業訓練を実施する余裕を持ち合わせていないことが推測できる。そのため、小企業では合同で職業訓練を実施している割合が高

表3－2　企業規模別・領域別の職業訓練実施企業

企業の従業員数／領域	職業訓練の条件を満たす企業の割合			規模別・領域別合同実施企業の割合
	実 施	合同で実施	未実施	
1－9人	45.1	2.1	51.8	60.9
10－49人	64.3	3.5	30.4	29.2
50－499人	76.0	5.2	15.8	9.4
500人以上	85.5	5.3	4.0	0.6
全体	50.6	2.5	45.6	100.0
旧西ドイツ	52.6	2.4	44.2	
旧東ドイツ	42.6	3.0	51.3	

aus: BMBF, Berufsbildungsbericht 2003,

表3－3　職業領域毎の訓練生の事前教育（%、1999年）

	基幹学校終了	基幹学校修了	実科学校修了	大学入学資格	職業基礎教育学年	職業専門学校	職業準備学年	申告なし	総数（千人）
商工業	1.0	21.5	37.5	22.0	1.6	11.0	2.0	3.5	331
手工業	4.4	49.0	29.0	4.5	5.2	3.5	2.5	1.8	205
農　業	7.7	35.7	30.6	10.5	7.1	1.4	1.4	5.7	15
公務員	0.1	6.5	60.3	25.4	1.2	3.0	0.1	3.3	15
自由業	0.4	18.4	52.2	17.8	0.4	4.4	0.2	6.2	53
家　政	20.5	33.7	7.7	0.5	4.6	7.5	10.7	14.8	5
全　体	2.3	30.3	36.1	15.6	2.8	7.5	2.0	3.3	623

注　新規訓練契約のみで計算
aus:BMBW.Grund- und Strukuturdaten.2001/02.S.134.

い。

職業領域別にみると、接客業、通信・報道業、鉱山・エネルギー・水資源などで職業訓練席を提供していない企業の割合が高い。一方、食品工業、鉱業、健康・福祉などの領域は、職業訓練席を提供している企業の割合が高い。

訓練生の属性　訓練生の属性を、みよう。まずは学歴による職業訓練の傾向についてである。訓練領域ごとに事前の学校教育修了証による違いがある。大学入学資格を取得している者は公務員や商工業で多く職業訓練を受けている。職種ごとで学歴による一定の棲み分けが行なわれている（坂野 2000）。時系列でみても、大学入学資格取得者が商工業や公務員関係に増えてきている。

表3－4　職業訓練契約解約率

	旧西	旧東	ドイツ全体			
	2001	2001	1998	1999	2000	2001
商工業	18.8	23.5	17.5	18.7	20.1	20.0
手工業	30.4	28.8	26.5	27.4	29.5	30.1
公務員	9.1	6.7	6.5	7.0	7.5	8.5
農業	25.2	20.1	21.4	23.1	23.5	23.6
自由業	25.7	28.7	24.3	23.9	25.7	26.1
家政	25.4	24.8	21.2	21.7	27.2	25.2
船舶	26.7	0.0	14.8	21.8	21.8	25.5
全領域	**23.3**	**25.0**	**21.3**	**22.1**	**23.7**	**23.7**

aus: BMBF, Berufsbildungsbericht 2003,94

一方、手工業領域における職業訓練は、ハウプトシューレ修了者がその中心的位置を占めている。

職業訓練を開始する年齢は、一九七〇年代の一六歳代から上昇し、二〇〇二年現在は一九歳前後である。ドイツでは一八歳で成人となるので、職業訓練開始者の少なくない者が成人であるといえる。職業訓練の開始年齢が上昇した理由として考えられるのは、以下の点である。（ア）中等教育段階Ⅰの年限が長くなり、学校終了者の年齢が高くなった。（イ）全日制職業教育諸学校に通学した者が増加した。（ウ）ギムナジウム修了者で職業訓練を行なう者が増えた。

外国籍の訓練生は訓練生全体の七％程度であるが、近年その割合は減少傾向にある。外国籍訓練生が訓練を行なっている領域を訓練生全体と比較してみると、自由業、手工業の割合が若干高くなっている。

職業訓練の中途解約率

職業訓練契約の満期前の契約解除は全体では二三・七％である（二〇〇一年）。職業領域別にみると、訓練解約率が最も高いのは手工業（三〇・一％）である。

表3―5　1年間の訓練費用合計（2000年、単位：ユーロ）

	全　体	旧西独	旧東独	商工業	手工業	農　業	自由業	公務員
費用総額	16435	17491	12438	17750	14395	15020	17738	17035
生産損益＊	7730	8162	6095	8218	6780	8837	9082	6393
%	(47.0)	(46.7)	(49.0)	(46.3)	(47.1)	(58.8)	(51.2)	(37.5)
実質費用	8705	9329	6343	9532	7615	6183	8656	10642
%	(53.0)	(53.3)	(51.0)	(53.7)	(52.9)	(41.2)	(48.8)	(62.5)
訓練生人件費	8269	8691	6670	9222	6881	8068	7961	10702
指導員人件費	5893	6459	3751	5882	5582	5001	8148	3975
設備備品費	545	560	487	740	389	320	251	243
その他の費用	1728	1780	1530	1909	1543	1631	1378	2116
純粋費用総額	10278	10675	8295	11816	8273	9163	8745	12782
純粋実質費用	2448	2514	2200	3598	1393	327	−337	6389

aus: BMBF, Berufsbildungsbericht 2003,120
＊訓練生が訓練により生産する貢献分

訓練解約率が最も低いのは公務員で、八・五％である。他の職業領域は訓練解約率は二〇％代であり、あまり大きな相違はない。旧西ドイツ地域と旧東ドイツ地域において、訓練解約率についての大きな違いはない。

訓練費用

連邦職業教育研究所が二〇〇〇年に約二、五〇〇社を対象に行なった職業訓練費用についての調査によれば、訓練生への人件費（訓練手当、社会保険費用、任意の社会保障給付等）は、一年で合計で八、二六九ユーロとなる。指導にあたる者の人件費は五、八九三ユーロ、設備備品費が五四五ユーロである。その他の費用は、教材費や工具、試験受験費、外部の職業訓練等が主な支出であり、一、七二八ユーロとなっている。これらすべての一年間の職業訓練生一人に必要となる名目費用総額は一六、四三五ユーロ（約二二三万円、一ユーロを一三〇円として計算）となる（表3―5参照）。

こうして推計される二〇〇〇年の訓練費用総額は、ドイツ全体では二七六・八億ユーロ（約三兆七〇〇〇億円）に上る。実質的訓練費用は一四六・六億ユーロ（約二兆円）となる。

5　職業訓練の修了と雇用支援

5―1　職業訓練修了試験

職業教育・訓練期間は職種により異なるが、多くが三年半行なわれる。訓練生は中間試験を経て、修了試験を受ける。この修了試験は、会議所等が実施する。修了試験に合格すれば、職人（Geselle, 主に手工業領域）、専門労働者（Facharbeiter, 主に工業領域）あるいはアシスタント（Gehilfe, 主にサービス業領域）といった名称を得る。その後、彼らは職人等として働く。後に経験を積んで親方（マイスター、Meister）試験を受けることもある。

職業訓練の修了試験の枠組みは、一九六九年に制定された職業教育法（Berufsbildungsgesetz）により規定されている。職業訓練の修了試験を実施するのは、その訓練職種を認定する所轄機関である商工会議所や手工業会議所等である（職業教育法第七四、七五条）。費用は訓練企業が負担し、訓練生は受験費用等を支払う必要はない。試験は年一～二回程度行なわれる。

試験では、受験者（訓練生）が、必要な諸技能を習得し、必要な実践的・理論的知識を持ち、職業学校で教えられた職業訓練に必要な本質的な教材を習熟しているのかが試験される（同法第三五条）。試験の内容水準は、訓練規程に従って定められている。試験委員会は、最低三名から構成されるが、そこには雇用者代表と労働者代表が同数と、最低一名の職業学校の教員が含まれていなければならない（第四〇条）。

職業訓練の修了試験は、2度まで受験することができる。合格率は二〇〇一年のデータでは八六・一％である。職業領域別にみても、合格率にそれほど大きな違いはない。

5—2　就職と雇用支援

職業訓練を修了した場合、訓練生はそのまま訓練を受けた企業に残るのか、それとも別途新たな企業を探すのか、選択を迫られる。旧東西ドイツ地域それぞれで事情が異なるが、旧西ドイツ地域では概ね六割が、旧東ドイツ地域では半数弱が、訓練を受けた企業に就職している（Berufsbildugnsbericht 2003.S.187）。

企業の規模と関連してみてみると、旧西ドイツ地域では、企業規模が大きいほど、訓練を受けた企業に留まる者の割合が高くなる。つまり大企業指向である点は日本と相違ない。一方、旧東ドイツ地域では、大企業に留まる者の割合が、二〇〇一年には平均以下となっており、四割に満たない。

以上のように、およそ半数程度の職業訓練修了者は、訓練契約終了後、新たに就職活動を行ない、雇用口を見つけることになる（「第二労働市場」）。その場合、労働局による支援を受けたり、個人的なつてを頼ったり、新聞や雑誌などに掲載される求人広告を利用したりする。一九九四年からは私立の職業紹介所も機能しはじめた。近年はインターネットによる求職・求人が普及してきている。

6　青少年失業と就業支援

青少年・若年失業者に対する雇用促進及び職業能力開発施策の中心となる法律は、一九六九年に制定された雇用促進法（Arbeitsfoerderungsgesetz）であった。同法は、社会関係法令の整理・体系化が進められ、現在は社会法典（Sozialgesetzbuch）第三巻となっている。

同法の目的は、雇用促進施策によって高い雇用状況が達成されるとともに、雇用構造が安定的に改善されることに寄与することである。特に失業の発生を防ぐとともに、失業期間を短くすることをめざしている。そのため、実際の施策として、（1）訓練市場及び労働市場の需給関係の調整を支援すること、（2）埋まっていない職場を埋めること、（3）労働者個人の知識や技能、能力を維持拡充すること、（4）取得した資格よりも低い職種での雇用を少なくすること、（5）地域の雇用構造・インフラ構造の改善に寄与すること、がめざされている。

一九九〇年一〇月三日の東西ドイツ統一以降、労働市場は厳しい状況が続いている。ドイツの失業率は、一九九〇年代後半には一〇％を超え、その後も一〇％前後で推移している。失業者数は二〇〇二年には四〇〇〇万人を超えている。

失業期間をみると、全体では失業期間が一年未満の者が六割を超えている。学校修了証別にみても大きな違いはない。企業内訓練修了者、つまりデュアルシステムによる職業訓練修了者をみても、同様の傾向を示している。すなわち、失業期間が一ヵ月未満の者が一一・五%、一ヵ月以上三ヵ月未満の者が一八・七%、三ヵ月以上六ヵ月未満の者が一五・八%、六ヵ月以上一年未満の者が二〇・四%となっている。(aus: BMBF (2002) Grund und Strukturdaten 2001/2002.S.420)

青少年・若年者の失業状況をみてみると、やはり一九九〇年代後半には一〇%を超え、その後も一〇%前後の高さで推移している。全体の失業率と比較するならば、青少年・若年者の失業率は全体と同様の傾向を示すが、概してやや低い。二〇〇三年七月の連邦統計によれば、ドイツ全体の二五才未満の者の失業率は一〇・八%で、旧西ドイツ地域では八・八%であるのに対し、旧東ドイツ地域では一七・六%と、ほぼ二倍の失業率となっている。

実際に青少年・若年者失業対策として主な対象となるのは、訓練探索者・求職者及び失業者である。また、社会法典の他に、特に旧東ドイツ地域を対象とした連邦政府や州政府が雇用促進のために予算措置を講じている。

こうした雇用促進措置のうち、一九九九—二〇〇三年に大きな比重がかけられていたのが、次にみる緊急プログラムJUMPである。

7　緊急プログラム(JUMP)

7―1　JUMPの経緯と枠組み

厳しい雇用状況は、連邦政府の政策への批判と実態に対応した新たな施策を必要とする。一九九八年九月の総選挙によって、連邦政府はH・コールを宰相とするキリスト教民主・社会同盟（CDU／CSU）と自由民主党（FDP）の連立政権から、G・シュレーダーを宰相とする社会民主党（SPD）と緑の党の連立政権へと交替した。高い失業率とそれにともなう国民の不満が、こうした政権交替を促す一要因となったといえよう。

一九九八年の総選挙後、SPDと緑の党によるシュレーダー政権は厳しい雇用状況に対処するため、青少年・若年失業者のための「緊急プログラム（Sofortprogramm）」＝「JUMP」を提唱し、一九九八年一一月二五日に閣議決定を行なった。そこにおける当初の目標は一九九九年一二月末までに一〇万人の青少年・若年者に仕事と職業訓練を与えることであった。

JUMPは、一九九九年から二〇〇三年まで継続した時限的なプログラムであった。一九九九年以降、JUMPに関連する予算として、ほぼ毎年一〇億ユーロ（約一、三〇〇億円）が支出された。二〇〇二年は一〇・〇億ユーロが、二〇〇三年は九・二億ユーロが、それぞれ支出されている。同プログラムの廃止以降、すなわち二〇〇四年からは、同プログラムの主な部分が社会法典第三巻に吸収され、施策として継続されている。

JUMP一年目の一九九九年は、およそ四人に一人が通常の雇用促進施策ではなく、JUMPによる支援を受けていたことが読みとれる。しかしその後は継続を含めた形で予算が編成されているため、ＪＵＭＰによる雇用促進施策の新規参加者は二〇％に満たない。

7―2　ＪＵＭＰの内容

ＪＵＭＰプログラムの年間予算は、一九九九―二〇〇三年までそれぞれおよそ一〇億ユーロであった（BMBF2004.6）。ＪＵＭＰの主な内容を整理しておこう。

（1）企業の訓練席提供を開拓・拡充するための地域プロジェクト支援
（2）職業関連のドイツ語知識の伝達（一九九九年のみ）
（3）まだ職業紹介を受けていない希望者に対する企業外訓練
（4）ハウプトシューレ修了証事後取得
（5）まだ職業訓練への適性を持たない青少年に対する労働と諸能力の獲得
（6）職業諸能力の事後証明及び補足的諸能力取得
（7）失業青少年に対する手当補助金（Lohnkostenzuschuesse, LKZ）
（8）第三者資金：他の費用負担者による施策予算への労働局からの補助金（二〇〇一年から）
（9）移行要求：別の雇用者の下での能力開発の継続（二〇〇二年一月から）
（10）青少年パート労働支援（二〇〇二年七月から）
（11）能力開発・雇用拡大措置

このうち、金額が大きかったのは、とくに失業青少年に対する手当補助金である。青少年失業者には、雇用者の給与補助金の保証によって就業生活に就くことが容易になる。職業訓練をみつけられない青少年は、この方針に従ってまず諸能力を獲得するための機会を提供する施策が提供された。また、労働局は女性の割合が高くない職種に女性の紹介を積極的に行なった。雇用者は社会保険義務のある週一五時間以上の雇用関係を創出した場合、賃金補助金を受け取ることができた。賃金補助金は最長一年間で、対象となる賃金の五〇％までであった。

7―3　JUMPの結果

最終年度である二〇〇三年のJUMPの結果をみてみよう。年間総額はヨーロッパ社会基金の補助金を含め九・二四億ユーロであった。このうち、旧東ドイツ地域の割合は、五四・一％である（前年と同様）。一年間でJUMPに参加した者の延べ数は約一八万人である。JUMP参加者の三七・七％が女性であり、外国人は七・六％、障害者は一・九％、ハンディを負う者は三三・〇％であった。参加者の最も多かったのが、失業青少年に対する手当補助金プログラムで六・一万人、トレーニングプログラム参加者が三・四万人、職業諸能力の事後証明及び補足的諸能力取得プログラム参加者が二・三万人等となっている（Berufsbildungsbericht 2004.S.50.）。

JUMPに参加した青少年・若年者は、プログラム終了後に果たして就業することができたのであろうか。全体で半数以上の者がプログラム終了後に就業等という結果となっている。失業している者は二割である。ただし終了後の状況がわからない者が二〇％以上いるため、おおまかな傾向として把握しておくことが必要であろう。

プログラム終了者の数では企業への訓練補助金関係が最も多いが、その後の進路決定者は五七・一％とＪＵＭＰ全体とほぼ同様の結果であり、効果が高かったとはいえない（連邦雇用庁の資料による）。

7—4　JUMPの実際例

ＪＵＭＰプログラムの費用は、連邦雇用庁（当時）から州に分配されていた。使途は各労働局に任されている。そのため、全国一律の調査は困難である。連邦資金は各労働局でそれぞれに独立して使用方法を工夫している。

実際にベルリン州パンコウ地区でＪＵＭＰのプログラムを推進していた運営機関（Traeger）の一つにインフォボクス社（Infobox. Verein fuer Innovationsarbeit e.V.）がある。同社は一九九七年に設立され、一九九九年からＪＵＭＰのプログラムを企画・実施していた。同社の正規従業員は一六人であるが、後にみるように、その他にプログラムのために雇用している青少年がいる。

同社が実施しているＪＵＭＰのプログラムの趣旨は、労働に必要な社会性の準備（労働の徳の育成）である。多様な職務をこなす青少年を同社は雇用し、訓練するプログラムを作成したが、ＪＵＭＰ以前では不可能であった。

同社の開発したプログラムは、ベルリンの空港における多様なサービスを提供するための労働と訓練である。体制は次のようになっている。

ア　雇用機関―インフォボクス社

イ　実務労働担当者―グローブグラウンド有限会社 GlobeGround GmbH

ウ　教育担当者―ガエタンダータ有限会社 gaetan-data GmbH である。

実際の運営は次のように行なわれている。労働局がプログラムに必要な資金を雇用担当者であるインフォボクス社に提供し、監督する。教育担当者と実務労働担当者はそれぞれ教育あるいは労働について担当する。労働局の資金はインフォボクス社に支給されるが、インフォボクス社がさらに教育担当者であるガエタンダータ社に教育関係費用を提供する。実務労働担当者グローブグラウンド社には労働というサービスが提供されるため、インフォボクス社からは支給されない。

プログラムは、二〇の実習席に対して四〇人を雇用する。このプログラムは実務労働と理論（教育訓練）の割合が五〇％と五〇％である。つまり半分が実務に当たっている間に、残りの半分が教育訓練を受ける。期間は七ヵ月から一年である。

プログラムの目的は、参加者が労働を得ることあるいは訓練を開始することである。プログラム参加者は、おおむね職業訓練を受けていない者で、職業諸能力の獲得意欲は低いが、より高い水準の職業をめざす者である。参加者は困難に打ち勝つ成功体験を実務訓練を通じて獲得することにより、職業訓練席を獲得できるようになることをめざしている。

プログラムには、プロジェクト長（インフォボクス社の社員）、相談員（その労働を熟知している者、ここでは失業中のマイスター）がプログラムがうまく進むように調整している。彼らは、実務担当者との調整や、危険防止への介入、教育担当者の教授方法や教育課程についての決定にも関わっている。相談業務として、ローテーションや授業の開始についての調整、病人が出たときの補助員の提供、携帯電話等による恒常的な対話（によるプログラム脱落防止）等がある。

このプログラムは、ベルリンの空港における様々な業務を行なう。フロアにおける接客、ＶＩＰラウンジにおける業務、物流、機体の清掃など多様な業務である。

このプログラムを通じて、参加者は職業関連の基本知識として、数学、作業方法、労働保護一般、情報処理、英語、一般会計、求職練習を学習する。特別な職業訓練として、空輸の基礎、空港の組織構造、航空燃料及び離陸業務、貨物運搬、接客業務、ラウンジサービス、空港の緊急事態のシステムについて、訓練を受ける。

プログラム参加者は報酬を受け取ることができる。これは労働内容により異なる。給与は通常の労働者よりも三〇％程度安く設定されている。一般に八〇〇～一、二〇〇ユーロの間（一〇・四～一五・六万円、一ヵ月）である。

プログラムの成果として挙げられるのは、計画された職業資質の獲得である。例えば顧客ブリッジの操作、特殊運搬車の運転、貨物取り扱い、重要な人物の接待など、である。プログラムの成果を生むために重要なことは、労働担当者と教育担当者の真の協調である。それによってプログラム参加者の行動に変化がみられる。プログラムが終了すると、労働証明や諸能力の獲得証明を発行している。それによって参加者の意識を高め、プログラムを修了する動機づけとしている。プログラム参加者の評価も高く、九三％が非常によいプログラムであると評価する。

8　近年の職業教育・訓練政策と失業者対策

8―1　失業手当から自立支援へ

二〇〇二年二月二二日、連邦政府は「労働市場における現代的サービス事業委員会（Kommission “Moderne Dienstleistungen am Arbeitsmarkt”）」（通称「ハルツ委員会」）を設置した。ハルツ委員会は二〇〇二年八月一六日に報告書を提出した。この報告書では、新たな労働局としてのジョブセンター、中高年失業者のためのブリッジシステム、人事サービスエージェンシーの構築等、一三項目の改革提案を行なっている。そのうちの一つに、青少年失業者に対する職業訓練時間認定証（Ausbildungs-Zeit-Wertpapier, AZWP）構想が提案されている（die Kommission “Moderne Dienst-leistungen am Arbeitsmarkt”, 2002）。連邦政府はこの提案に基づきながら様々な失業対策を打ち出すことになった。

二〇〇二年九月二二日の総選挙によって、シュレーダー政権は辛うじて政権を維持したが、内閣の改造を行ない、労働省と経済省を統合し、「経済労働省」とした。同省の大臣にはノルトライン・ヴェストファーレン州首相であったクレメントが就任した。これは経済政策と労働政策とを連動させようとするシュレーダー政権の意思の表れとして理解できよう。

二〇〇二年一二月二三日には労働市場における現代的サービス事業法第一法と第二法が連邦議会で成立した。これは先のハルツ委員会の報告を受けて行なわれた、社会法典第三巻等の改正である。そこでは主に職業紹介の受託業務を行なうエージェンシー（人事サービスエージェンシー）を労働局が設置することが義務づけられている（社会法典第三巻第三七条c）。また、ジョブセンターについての規定（同四〇二条）、起業助成金に関する規定等が盛り込まれている。

二〇〇三年三月一四日にシュレーダー宰相は「アジェンダ二〇一〇」を発表し、労働市場改革、社会システムの再構築、経済成長のための包括的プログラムを提示した。この中でシュレーダー宰相は七つの重点項目を示した。それは、（1）より多くの職業訓練席確保、（2）より多くの仕事確保、（3）家族と職業、（4）税金削減、（5）年金の継続的確保、（6）教育の促進、（7）再労働支援、の七項目である。

二〇〇三年五月二八日、政府はさらに青少年・若年失業者のための特別措置としてＪＵＭＰを発展させた「ＪＵＭＰ—ＰＬＵＳ」を閣議決定し、六月一四日に施行規則を告示した（Bundesanzeiger Nr.109 vom 14.Juni 2003.S.12905.）。これは、二五歳未満のとくに社会的援助を必要としている者及び長期失業者に対し、雇用支援及び職業能力開発を行なうものである。期間は二〇〇四年末までで、三億ユーロの予算を予定していたが（REGIERUNG online. Jump Plus gegen Jungedarbeitslosigkeit. 28.05.2003）、実際の予算は二・一億ユーロとなった（Berufsbildungsbericht 2004.S.6.）。

こうした政策を要約するならば、厚い失業補償から、自立を支援する政策へと移っているといえよう。

8—2　職業訓練席の人工的増加

「第一の労働市場」に青少年が適応するためには、企業における十分な職業訓練席の提供が必要である。シュレーダー首相は二〇〇三年三月の「アジェンダ二〇一〇」において、訓練席を増やすために経済界に対して訓練席強制割当てで圧力をかけた。連邦教育研究省と連邦経済労働省が共同で、二〇〇三年四月二九日に「訓練オフェンシブ二〇〇三」という形で、訓練席の供給を増やし、より多くの青少年・若年者が訓練席を確保できるようにキャンペーンを行なった。二〇〇三年六月一日には、社会民主党（ＳＰＤ）特別会議が企業に対する訓練席強制割当てを要求した。

その後は連邦政府、政党、経済界の要求が錯綜していく。訓練席増加要求に対して、経済界は二〇〇三年一〇月九日に訓練席増加のために努力することを約束した。二〇〇三年一一月一八日には、ＳＰＤ党大会が訓練席強制割当てを要求した。しかし同じＳＰＤに所属するクレメント経済大臣はこれを拒否している。

こうした動きは一九七〇年代におきた訓練席減少に対して、当時の連邦政府与党であったＳＰＤと自由民主党（ＦＤＰ）が訓練席の強制割当てを要求したことと類似している。この時は、産業界が自主的に訓練席を増やす形で決着を見たのである。

結局、今回の訓練席増加をめぐる攻防も、自主的な判断による条約という形で決着した。二〇〇四年四月二一日、商工会議所会頭ブラウン Ludwig Georg Braun は自主的な判断による条約 Pakt を提供することを提案し、二〇〇四年六月一六日に条約は締決される。経済界は自由的な判断によって二五、〇〇〇〜三〇、〇〇〇席の訓練席を提供することとなった。「第一の労働市場」における市場原理と社会的公正さをめぐる争いは、これまでのところ、産業界の自主的判断により国の強制介入を避けたといえる。つまり、連邦及び経済界によって市場原理による訓練席需給関係が人工的に緩和の方向にシフトされ、根本的な解決は先送りされたことになる。

8―3　職業教育法の改正

このように、企業が訓練席を自主的に提供する原則が保持される限り、景気変動による需給関係への影響は避けがたい。職業訓練費用のほとんどを負担する企業が訓練席を提供しやすくするためには、企業の活動に合わせた訓練内容が必要であるとともに、スイス等と比較して長すぎる職業訓練期間を短縮することが必要であった。

こうした職業訓練制度の課題に対応するために、二〇〇五年一月二七日に職業教育法が改正され、同年四月一日から施行された（BMBF Presse-Mitteilung 27.01.2005）。この改正は一九六九年に職業教育法が制定されて以降、最大規模のものである。

二〇〇五年の職業教育法の改正の意義を要約するならば、(1)訓練期間を短縮・単位化することにより、企業の負担を減らす、(2)学校における職業訓練も訓練期間に算入する、(3)ＩＴ等の新規産業領域や外国企業の訓練への参加を容易にする、(4)最低限の訓練内容とそれ以外の訓練内容との区分、といった政策により、訓練席の増加を図るとともに、訓練期間を短縮する（従来の三年半から二〜三年へ）ことにより企業の負担を減らそうとしている（BMBF（2005a）BMBF（2005b））。しかしこのことは、訓練水準の質的低下をもたらす可能性があり、さらに進めば訓練修了後の職業資格の価値が減少してしまう危険性を内包している。

9 キャリア教育と青少年・若年者就業支援の特色と課題

以上のように、ドイツのキャリア教育、若年者労働市場の特色並びに就業支援対策を整理するならば、以下のようになる。

9―1 二段階的労働市場とキャリア教育

ドイツの労働市場の特色として、まず留意すべき点は、労働市場の二段階性である。青少年の失業問題を論ずる場合、この点に注意することが必要である。

第一段階は企業に職業訓練席を見つける段階である。この時点で、学校の修了証のない者や成績の悪い者はかなり不利になる。ドイツにおける職業訓練席獲得は、特定職種により、大学入学資格取得者がほとんどを占めるものもある（金融・保険業関連）。つまり高学歴化が進行するに従って学歴によるある種の「棲み分け」が行なわれている（坂野 2000）。

第二段階は訓練終了後の就職の段階である。実際に訓練企業に残るのは五〇～六〇％程度である。商工会議所等での聞き取り調査でも、職業訓練を行なった企業に残れる者は、ある程度成績が良く、勤務態度の良い者である場合が普通である、と指摘された。そうでない者は別に企業を探すことになる。逆に中小企業で訓練を受けた成績の良い者が、大企業などに引き抜かれることもある。この段階での就業支援が必要になる。

こうした段階的な労働市場において、各段階における適切な職業訓練あるいは就職についての選択・決定への支援が不可欠となる。

職業訓練席を獲得する前の段階では、職業準備教育、職業選択のための支援を中心としたキャリア教育が行なわれている。前期中等教育段階での労働科を中心とする職業準備教育と職業選択指導がこの三〇年ほどの間にドイツでは普及した。日本のインターンシップにあたる職場見学、企業実習も各州で行なわれている。一般に、この段階で生徒の就職活動が始まっていると言えるであろう。

次に、実際に職業訓練席を獲得し、職業学校と企業内訓練のデュアルシステムに進む段階で、市場によるミスマッチが起こる。この段階での困難に直面している青少年が第一の就業支援ターゲットである。職業訓練席を探す段階で、ＢＩＺを中心とした連邦雇用エージェンシー系列の機関が学校を訪問する等して生徒を支援している。また、旧東ドイツ地域では、一般企業による訓練席の提供が少なく、公的な訓練席が創出されている。

さらに、職業訓練を終える前の段階で職業訓練契約を解約してしまう場合がある。彼らは未熟練労働者、単純労働者となる。こうした青少年の職業能力を開発する支援を行なうことが必要になる。職業訓練を修了し、職業資格を取得した職業訓練修了者（職人や専門労働者等となる）は、就職する企業を探すことになる。商工会議所におけるインタビューにもみられるように、この段階で、およそ半数の者が新たに就職する企業を探すことになる。この時点での就職支援が労働行政における重要な課題となる。また、一度就職した者で、会社をやめた離転職者に対する支援が必要になる。以上のように、職業訓練に入る段階、及び職業資格を取得する段階におけるＢＩＺ等の支援が大きな意味を持っている。

9―2　産業構造と職業資格

ドイツでは三年半程度の職業訓練による職業資格が労働市場において重要な意味を持っていた。一九六九年の職業教育法により、それまであった訓練期間の短い半熟練職は皆無となった。こうした職業資格が、テクニシャンやマイスターといった上級の職業資格への基礎資格となっている。

しかし産業構造や社会の変化、さらには国際化による労働市場の広域化等により、こうした資格制度そのものの意味が問われている。たとえばＥＵ内部における労働資格の相互承認を行なう場合、他国では職種によって職業訓練期間が三年程度とは限らない。ドイツの若者は著しく長い職業訓練を受けている職種もあった。例として、同じデュアルシステムで職業訓練を行なっているスイスでは、割合では少ないが、二年程度の職業訓練を標準とする職種もある。二〇〇五年の職業教育法の改正は、こうした職業訓練期間の短縮を実現した。また、IT産業等新しい職業領域での職業訓練が容易になり、職業訓練席が増加するものと考えられる。こうした動きは、ドイツの就業構造の変化を加速する方向に作用するであろう。しかしこのことは、職業資格が従来の価値を持ち得ないことを公認したものであり、職業資格の意味、ひいてはデュアルシステムの存続自体が問われる可能性がある。

課題となるのはドイツの産業構造展望である。ドイツでは、職人・専門労働者がその後昇進して、マイスター（親方）やテクニシャン（Techniker）等の上級職業資格を獲得できるし、一定の社会的地位を獲得することが可能である。しかしながら、職業訓練の中心的領域である手工業領域において、マイスターにのみ与えられていた営業権と徒弟訓練権が揺らぎ始めている。二〇〇三年一二月には手工業規則（Handwerksordnung）が改正され、従来のマイスターは九四種から四一種に削減され、「営業の独占」領域が小さくなった。また、工業領域における工業マイスターも、大企業では工場長クラスまでの昇進となり、経営トップに就くことは現在ではまれである。

つまり大学に行かなくとも、比較的高い社会的地位を獲得するという経路が細くなっていく可能性が高い。社会全体における「学歴社会」が進行していくことになると考えられる。そうなると、職業訓練を受けた者がより上位の資格を獲得するために、大学等の高等教育機関への接続を確保しておくことが重要となる。

また、職業領域間での就業人口予測などによって、職業訓練領域を社会の変化に合わせて、あるいは先取りして誘導することが必要であろう。

9―3 ドイツの就業支援政策における課題

ドイツの青少年・若年者を対象とする就業支援政策の課題は、主に以下の三点である。

国の関与の限界

従来からの就業支援政策では、青少年・若年失業者に十分な訓練席や雇用を確保することができなくなった。経済成長が停滞し、労働市場における職業訓練・雇用の供給が減少した場合、政策による需給関係改善策には限界がある。

一九七〇年代の石油ショック時にも企業の訓練席の提供が減少した。その当時は連邦政府が訓練費用の公正な負担を企業に課すような動きをみせたが、私企業に対する国家の介入という点で問題とされ、強制的な職業訓練席創出は実現しなかった。結局、雇用については市場原理に委ねるしかないという結論を選択したといえる。その後の経済状況の好転により、当時においてこの問題は深刻化しなかった。二〇〇四年の自主的判断による条約も、経済状況が好転しなければ、目標とする訓練席を確保することは困難である。

デュアルシステム型の職業訓練を維持するならば、（a）国自身が例外としてではなく訓練席を提供するか、（b）企業に訓練席を強制的に割り当てるか、といった政策をとらない限り、第一の労働市場での需要に対応することは困難であろう。国際競争力を維持するためには、ドイツの人件費の高さは常に問題とされている点であり、これに高額な職業訓練費用等が加われば、ドイツ企業の国際競争力が低下し、ますます雇用関係が悪化する可能性が強い。

就業支援政策の対費用効果

連邦政府は一九九八年の政権交代以降、多額の費用を労働政策に投入してきた。しかし、二〇〇三年の聞き取り調査によっても明らかとなったように、これまでの就業支援政策に対する評価が十分に行なわれているとは言い難い。

ドイツではこれまで行政評価の考え方が普及しておらず、厳密な評価を行なわずに政策が進められてきた。しかしながら、EU（ヨーロッパ連合）から資金を受ける場合、その効果について評価することが求められる。JUMPもそうした一環で評価を行なうことになっているが、聞き取り調査によれば、評価手法が確立していない。

重点政策として労働政策を展開する場合、今後はこうした評価をどのように行なうのかが常に問われることが予想される。現在までのところ、関係文書から理解できることは、こうした労働行政としての有効な指標となりうるものとして、施策後の就業率がほとんど唯一の評価基準となっている。

職業資格による労働市場の細分化・硬直化

ドイツの労働市場は職業資格により細分化された「部分労働市場」である。こうした職業資格制度は、労働者の職業能力水準を一定の高さに保持することにより、生産・営業実施部門における質的高さを維持することに貢献してきた。

しかしながら、科学技術の発達や産業構造の変化、EU統合等による企業組織の変化、さらには大学卒業者の比重が高まり、熟練性の高い専門労働者や職人の活躍できる労働市場は今後拡大するとは考えにくい。変化の著しいＩＴ産業等では従来型の職業訓練制度は十分には機能していないようである。就業形態や産業構造の変化に柔軟に対応するために、職業資格の意味を問い直すことが必要である。二〇〇三年の手工業規則改正、二〇〇五年の職業教育法改正による職業訓練期間の短縮化も、変化する産業構造の動きへの対応策の一つとして考えることもできよう。これは職人・専門労働者の流動化を促進する政策として位置づけられる。

産業構造の変化に対応するためには、同じ系統のより高い職業能力の開発を主とする「職業向上訓練」のみならず、高等教育機関への接続が重要となるであろう。中等教育レベルと高等教育レベルの職業資格をつなぐ、職業経路・大学等の学修が必要である。

10　おわりに――日本への示唆

10―1　訓練費用の問題

ドイツでは、職業訓練費用は基本的に企業（訓練主）が負担するシステムとなっている。日本でも職業訓練は企業に就職後のＯＪＴが中心であった。しかし企業を取り巻く環境が厳しくなればなるほど、企業は職業訓練を外部へとアウトソーシングし、労働者自身の負担による職業訓練を求めるようになる。ドイツでは企業の経済環境が厳しくなると、職業訓練を行なわない企業が増加する。

職業訓練席を確保する段階で潜在的失業者あるいは職業能力開発が十分に行なわれない青少年・若年者を作り出してしまっている。日本では就職できない、あるいは就職しないフリーター・ニート問題がこれに相当するであろう（小杉 2003, 2005）。

こうした青少年・若年者に対する職業能力開発の場をどのように提供するのか。ドイツのように、公の施策による職業訓練の場を創出するのか、あるいは企業への補助金による就労の場をつくるのか、それとも個人の自己投資を原則とするのか、選択が求められることになるであろう。

10―2 公の関与

右記の点と関連し、職業能力開発・就業支援に公の機関がどの程度関与するのか、が課題となる。ドイツでは準公的機関である会議所等が職業資格の認定を行なっている。日本でも労働市場における職業能力の評価をだれがどのように行なうべきかを整理する必要がある。日本で普及した企業内資格では、転職・転社を促進することは難しく、部分労働市場のミスマッチを削減することは困難である。さらには、学歴と職業資格がどのように対応するのかを研究する必要がある。

また、国等が公的な就業支援を行なうならば、その効果について評価する手法を開発することが必要であろう。ドイツでは十分な評価手法が開発されておらず、ＪＵＭＰの評価は困難であった。

一方、日本では多くの者が学校や大学に教育投資を行ない、場合によってはダブルスクーリングを行なっている。個人が訓練費用を負担すべき場合、国等が訓練費用を負担すべき場合を整理するとともに、税金等を投入する合理性、そして効果に対する納得が得られるよう、評価手法の開発は重要な課題である。

10—3 キャリア教育の必要性

ドイツでは第七～九学年にかけて、生徒が主体的に職業訓練席を探し求める。学校のみならず、労働局系列のＢＩＺ（職業情報センター）の職員が適職探しの支援を行なっている。

日本では、中学・高校レベルにおける職業準備教育あるいは職業選択能力を高めるための教育を充実する必要がある。近年は職場体験・インターンシップを実施する学校が増えつつあるが、多くの場合二、三日の「お試し」体験に過ぎない（吉本 2001,10）。近年の「日本版デュアルシステム」でも、学校（教師）がその業務の多くを引き受ける形となり、過剰な負担を強いている。日本でも学校と職業支援機関の連携方法を開発することが必要である。

注

（1）平成一五年六月一〇日に文部科学、厚生労働、経済産業、経済財政政策担当の四大臣が合意した「若者自立・挑戦プラン」においては、高等学校段階等に「日本版デュアルシステム（実務・教育連結型人材育成システム）」を導入することが要請されている。また、同月二七日に閣議決定された「経済財政運営と構造改革に関する基本方針２００３（「基本方針２００３」）」においても、同旨の記述がなされている。（平成一六年二月二〇日、専門高校等における「日本版デュアルシステム」に関する調査研究協力者会議報告書参照。）また、平成一六年四月には「東京版デュアルシステム」として、東京都立六郷工科高校に「デュアルシステム科」が設置されている。

参考文献・資料

Arnold,Rolf./Kraemer-Stuerzl,Antje.1999（2.Aufl.）: Berufs- und Arbeitspaedagogik.Cornelsen,Berlin.

Arbeitsamt Nuernberg 2002 : Berufsvorbereitende Bildungsmassnahmen. Foerderung der Berufsausbildung. Angebote 2002/2003.

Bundesanstalt fuer Arbeit 2003 : Sozialgesetzbuch III. Mit angrenzenden Gesetzen, Verordnungen und BA-Regelungen.（6.Aufl.）

Bundesanstalt fuer Arbeit 2002 : Berufsaktuell.Ausgabe 2002/2003.

Bundesanstalt fuer Arbeit 2000 : Informationen fuer die Beratungs- und Vermittlungsdienste.（ibv）Sofortprogramm. Sofortprogramm zum Abbau der Jugendarbeitslosigkeit. Zwischenergebnisse aus der Begleitforschung. 20/00. 17.Mai 2000.

Bundesministerium fuer Bildung und Forschung 2005a: Die Reform der beruflichen Bildung. Chance und Verlaessigkeit durch Innovation und Qualitaet.

Bundesministerium fuer Bildung und Forschung 2005b : Die Refurm der beruflichen Bildung. Berufsbildungs-gesetz 2005.

Bundesministrium fuer Bildung und Forschung 2003: Schaubildsammlung Berufsausbildung sichtbar gemacht.（4.Aufl.）

Bundesministerium fuer Bildung und Forschung 2002: Grund- und Strukturdaten 2001-/02.

Bundesministerium fuer Bildung und Forschung 2001: Grund- und Strukturdaten 2000-/01.

Bundesministerium fuer Bildung und Forschung 2000,29.Aufl.: Ausbildung und Beruf.

Bundesministerium fuer Bildung und Forschung（jedes Jahr）: Berufsbildungsbericht.

Bundesministerium fuer Finanz,BMF 2003: Bundeshaushalt 2003.Tabellen und Uebersichten.

Dietrich,H. 2003 : Foerderung auf hohem Niveau - das Jugendsofortprogramm zum Abbau der Jugendarbeitslosigkeit - 1999-2002.

Friedrich,M.u.a. 2000 : Das Sofortprogramm zur Bekaempfung der Jugendarbeitslosigkeit zeigt Wirkung. in: ibv Nr.20 vom 17.Mai 2000.

Greinert,W.D. 1995a (2.Aufl.) : Das deutsche System der Berufsausbildung : Geschichte, Organisation, Perspektiven. Nomos,Baden-Baden.

Greinert,W.D. 1995b (2.Aufl.) : Das duale System der Berufsausbildung in der Bundesrepublik Deutschland. HOlland+Josenhans Verlag,Karlsruhe.

Kultusministerkonferenz (KMK) : Sammlung der Beschluesse der Staendigen Konferenz der Kultusminister der Laender in der Bundesrepubulik Deutschland. Luchtrehand.（Freiblaetter）(BS)

die Kommission "Moderne Dienstleistungen am Arbeitsmarkt" 2002 : Moderne Dienstleistungen am Arbeitsmarkt. Vorschlaege der Kommission zum Abbau der Arbeitslosigkeit und zum Umstrukturierung der Bundesanstalt fuer Arbeit. Bericht der Kommission.

MPI,Arbeitsgruppe Bildungsbericht am Max-Planck-Institut fuer Bildungsforschung 1994: Das Bildungswesen in der Bundesrepublik Deutschland.Strukturen und Entwicklungen im Ueberblick. Rowohlt Taschenbuch Verlag,Reinbek bei Hamburg.

MSWWF（Ministrium fuer Schule und Weiterbildung,Wissenschaft und Forschung des Landes Nordrhein-Westfalen）1998 : Richtlinien und Lehrplaene fuer die Sekundarstufe I — Gesamtschule in

Nordrhein-Westfalen. Arbeitslehre Technik,Wirtschaft,Hauswirtschaft. Ritterbach GmbH.Frechen.
Sekretariat der Staendigen Konferenz der Kultusminister der Laender in der Bundesrepubulik Deutschland 1997 : Dokumentation zur Berufsorientierung an allemeinbildenden Schulen (Sekundarbereich I und II) . Band1-3.
Spellbrimk/Eicher 2003 : Kasseler Handbuch des Arbeitsfoerderungsrechts. Das SGB III in Rechts und Praxis. C.H.Beck, Muenchen.
Stratmann,K./Schloesser,M. 1990 (2.Aufl.) : Das Duale System der Berufsbildung. Eine historische Analyse seiner Reformdebatten.Frankfurt am Main.
天野正治ほか編著　1998『ドイツの教育』東信堂
岩井清治　1999『ドイツ外国人職業研修制度の実際』多賀出版
グライネルト　1998『ドイツ職業社会の伝統と変容』晃洋書房　寺田盛紀監訳原著は　Greinert,1995a.
小杉礼子　2003『フリーターという生き方』勁草書房
――――編　2005『フリーターとニート』勁草書房
マックス・プランク教育研究所　1989『西ドイツ教育のすべて』東信堂
ペーター・ハナウほか　1994『ドイツ労働法』信山社
坂野慎二　2000『戦後ドイツの中等教育制度研究』風間書房
――――　2001『日本とドイツにおける中等教育改革に関する比較研究』（科学研究費補助金　奨励研究（A）報告書）
――――　2003『統一後ドイツの教育政策』（科学研究費補助金基盤研究（C）⑵報告書）
高木健次郎　1972『教育改革と市民社会』成文堂
寺田盛紀　2000『ドイツの職業教育・労働教育』大学教育出版

吉留久晴　2001「ドイツ連邦共和国の前期中等教育段階における企業実習」国立教育政策研究所『技術科教育のカリキュラムの改善に関する研究――歴史的変遷と国際比較』49-58頁
吉留久晴　2002「ドイツ前期中等教育における職業選択学習の内容構成―最新の労働科教科書の内容を中心に」日本カリキュラム学会『カリキュラム研究』第一一号 45-57頁
吉本圭一　2001『高校・大学・企業におけるインターンシップの展開と課題』カシオ科学振興財団研究助成報告書
労働政策研究・研修機構 2004『諸外国の若者就業支援政策の展開――ドイツとアメリカを中心に』労働政策研究報告書　No.1　第Ⅱ部ドイツにおける青少年失業対策の概要と課題（執筆坂野慎二）

第四章　スウェーデンの若者政策

——社会参画政策を中心に——

宮本　みち子

1　新しい若者政策の社会的背景

本章は、一九八〇年代後半に開始された若者のシティズンシップと社会参画を進める動きを、EU（欧州連合）とスウェーデンの若者政策からみていく。

現代の若者にみられる大きな特徴は、大人になるために必要な準備が十分できないまま成人に達することである。職業への準備ができないまま、就職の時期を迎えてしまうという問題もそのひとつである。一九七〇年代後半以後、若年者労働市場が逼迫するなかでの社会経験不足という若者自身の状況は、若者が自立するためには致命的な弱点となった。

アメリカの社会史学者ステファニー・クーンツの言葉を借りれば、役割の喪失という問題はもう八〇年にもわたって論じられているが、特に最近顕著になっているのは、かつてティーン・エイジャーたちに生産的で社会的な役割をマスターする道を提供していた多くの仕事が、将来性のない仕事と化してしまったことにある。そのうえ、青少年時代は以前より長くなっているが、その時期に、家庭においても家庭外においても社会的に必要とされる責任ある仕事を経験する場を失ってしまったために、職業人として、社会のメンバーとして、自立した地位を築くことが困難なのである（クーンツ）。また、イギリスを代表する青年心理学者、ジョン・コールマンは、現代の青年期の大きな問題は、現代社会で生活するために必要な対人的・社会的スキルを早い時期から十分に学ぶことができていないことであると指摘し、新たな〈学び〉の社会に向かって、どのように出発すればよいのかを考えることが大きな課題になっているという（コールマン、ヘンドリー）。そして、大人から離れて働き、遊び、結びつき、若者が社会的スキルを修得できる場所をたくさん作ることを真剣に考える必要がある、と提起する。また、若者と大人との関係を、平等な関係性に転換することが必要であり、社会の多くの領域で見られるような年齢による区別をなくすために、いっそう努力する必要があるとする。「年齢による区別をなくす」とは、大人が教師や指導者としてではなく、役割モデルや相談相手として若者とかかわることを意味している。本当に民主的な社会にするためには、大人が誠実で率直になって若者を集団の過程に参加させ、社会の利益のために協力し合う場を作り出すことが必要であり、そこからいずれは若者が受け継いで自治をすることになるだろう、というのである。

これらの問いかけの背景には、若者が全般的に社会への関心を失いアウトサイダー化しているだけでなく、若年労働市場の流動化に伴い不平等化が進み、社会的に排除された若者層が生まれつつあるという実態がある。このような状況を踏まえた時、若者の社会的排除に歯止めをかけるためには、社会参画を進める方策が重要であると考えられているのである（コールマン、第八章）。近年のEUの若者政策では、若年者雇用政策と若者の社会参画政策が車の両輪の関係にある。そこにはポスト工業化社会における若者観が明確にあり、自立・影響・資源という三つのキーワードが、若者政策の柱となっている。このような政策の展開過程とその内容をみていくことにしよう。

2　若者の意思決定への参画とシティズンシップ政策

青少年・若者を意思決定へ参画させようという政策は、一九八五年の国連世界青年年に登場し、一九八九年に児童の権利に関する条約（子どもの権利条約）の国連採択で定式化するが、一九九〇年代後半に入ると具体化の段階に入った。大人になる過程での主要な目標は、「自立すること」と明確に認識されるようになった。そのためには、選択の力、自己決定、参加、そのための情報提供、エンパワーメントなどが不可欠の条件であり、これがシティズンシップ政策を表現するキーワードともなっている。

二〇〇一年に欧州委員会が著した「若者に関する白書 Commission of the European Communities, 2001」

は、このような潮流を明確に示している。この白書は、現代の若者の特徴をとらえるのに、①若者のライフコースが個人化・多様化していること、②人口構成の少子高齢化によって若年人口比率が縮小していること、③グローバル化時代の若者、という三点に着目して若者政策を提起し、EU加盟国の協力体制を求めたものである。そこには三つの柱がある。

(1)　若者の積極的シティズンシップ active citizenship

若者を意思決定のプロセスに参加させること。これを積極的シティズンシップとおさえている。若者の社会的統合をシティズンシップとして位置づけ、社会への参画を大胆に進めようという政策をシティズンシップ政策という。そこには、権利の主体としてのシティズンシップから、参画する主体としてのシティズンシップへの転換がある。その際、情報は積極的シティズンシップを育てるために不可欠な条件とされている。若者に公開されるべき情報には、雇用や労働条件、住宅、学習、健康など、広い分野に関する情報と、地域活動計画に関する情報がある。また、情報に対する平等なアクセスの権利が与えられることが重要であると指摘されている。さらに、これらの情報は、内容の点でも比率の点でも若者に関する内容を必ず含んでいること、また、利用者にとって使いやすく、わかりやすいものであることが強調されている。

(2)　経験分野の拡大と認識

高学歴社会における若者は、社会経験不足というジレンマをかかえているが、その打開策として「経験」が強調されている。若者のシティズンシップのセンスは、フォーマル（定型）教育を通した理解より、さまざまな領域における体験によって得られている。家族、学校、友人関係、地域での参加経験が、よりフォーマルな学習（シティズンシップ教育）を補強しているという認識が高まっており、教育や訓練は、従来のような伝統的で定型的な方法に制限されてはならないという。また、若者の移動性を高めることや、ボランティア活動などの新しい分野を開発し、教育と訓練の政策にこれらをつなぐことに優先順位を置くべきであると提起されている。

(3)　若者の自律 autonomy を促す

若者にとって自律性は極めて重要な要求である。自律性は自分が利用できる資源、とくにお金や住宅や生活物資などの物的資源によってもたらされる。それゆえ収入の問題は決定的である。若者の生活は、雇用や生活保障、労働市場政策をはじめ、住宅や交通に関する政策からも影響を受ける。これらはすべて若者の自律を促すために必要なものであり、彼らの視点や興味を考慮に入れながら開発していくべきである。したがって、若者政策は特定分野に限定されたものではなく、若者の生活を支える全体論的（ホリスティック）なアプローチである。なかでも物的資源が強調されている点に移行政策の特徴がある。

3　普遍的若者政策への歩み

スウェーデンは、一九八〇年代以後、青少年・若者に対する包括的な若者政策を検討し、一九九〇年代末に現在の若者政策の枠組みを完成させた。なおここで若者政策というのは、異なる領域にある若者に影響を及ぼす社会的決定や法規の集合体をさしている。

ＥＵ諸国の青年政策の中核には、若年者雇用対策があるが、スウェーデンの若年労働市場プログラムは、若者を雇用に就けることを最優先する「労働市場志向アプローチ」から、若者の人間発達を最優先する「若者政策アプローチ」へと転換したといわれている。ワークフェア（労働福祉）政策をとりながらも、力点がイギリスなどとは異なっている。この転換は、スウェーデンにおける若者政策の確立と無関係ではありえない。しかし、ＥＵ諸国に共通しているのは、過去の若者政策が各セクターの個別のものであったのに対して、近年の若者政策は領域を越えた包括性を重視している点である。そこでまず、若者政策を概観したのち若者政策アプローチへと転換した背景をさぐることにする。

3―1　若者政策の歴史

二〇世紀初頭の若者を対象とする政策は、学校教育制度と余暇活動に関連するものが中心であった。この時期の若者政策は、すべての若者に社会活動とスポーツ活動を通して、意味のある余暇時間を与えることに重点があった。もともとスウェーデンでは、一九世紀末に広範な組織的社会活動が勢ぞろいした。非政府組織または団体活動、教会から、切手収集、体操クラブ、田舎の地域組織、政治組織など、あらゆる種類の組織活動であった。これらは〝組織化〟という点に特徴があった。

つまり社会活動は、「組織活動 organizational activities」という特徴をもっている。現在、九〇％の国民がなんらかの協会あるいは組織のメンバーである。現在でも、スウェーデンでは労働組合への加入と並んで体操クラブへの加入率がもっとも高いことに、特徴がある。

工業化時代に入ると、子どもを社会化するという家族の機能は弱体化し、外部化し、それだけ社会の責任が重くなった。子どもの成長のためには、親だけでなく他の大人たちの協力が必要だったが、実際にはその力は弱体化し、それにかわって、ボランタリー・セクターや専門機関、あるいは大衆文化がより重要な役割を果たすようになった。

一九六〇年代末、これまで分断されていた若者政策は包括的若者政策へと転じたが、これは北欧諸国に共通する動きであった。その背景には、現代の青少年・若者が立脚地を失い、社会とのつながりを持たなくなっているという状況があり、若者が、学校・仕事・家庭・余暇の分断された世界のなかを行ったり来たりしているに過ぎなくなっていることに警鐘が鳴らされた。

一九七〇年には、全国青年委員会が省庁レベルの母体となり、六年後には正式機関となった。ここを中心に若者問題の検討が続き、その成果は、一九八一年に、『売るためでなく（NOT FOR SALE）』と題する報告書に結実した。これは、その後の若者政策の基礎を成す金字塔といわれている。

一九八五年の国際青年年のテーマを受けて、スウェーデンではとくに若者の「参加と影響」に関連する取り組みが展開した。この国際青年年は、若者に関係する諸問題に対する政府のより積極的な取り組みの出発点となった。一九八六年、青年大臣が任命され、若者関連問題に対する特別の責任を与えられた。一九八九年、全国青年委員会は若者の参加と影響力を高めるためにはどうしたらよいかを検討する任務を負った。この会議から提出された最終報告書には、若者の参加と影響力を高めるために、あらゆる領域でやるべき膨大な提案が記載されている。その中でつぎの三点が最も重要性の高いものであった。一つ目は、政策上の意思決定における若者の影響力を強めるために、若者がもっと容易に政策にアクセスできることと、政策をもっと明確に示すという点であった。二つ目は、政策上の意思決定を地域レベルで行なうことが、若者の意思決定への参画には重要であるという点であった。三つ目は、セクターによって考えることをやめ、意思決定の分権化を進めることが必要だという点であった。このような指摘は、それまでの一〇年間の議論を踏まえたものであった。

3―2　一九九〇年代の若者の実態と政策の対応

ここで若者の社会的・文化的活動の実態についてみておこう。一九七〇年代後半以降、若者の組織離れ、政治離れが進んだ。他の先進国と同じように、若者は序列的でフォーマルな組織を嫌うようになり、また思想的・政治的問題にかかわるより、有期限のプロジェクト方式の仕事の仕方や自分自身のことに関わっていることを好む傾向がみられるようになった。そのため、従来の若者観によって若者を統合することが困難になった。このような変化から、青少年を対象とする各種のプログラムの力点は変化せざるをえなかった。若者が大人の世界へ適応し、余暇活動の可能性を広げ、影響力を高めるよう支援するとともに、親の世代などとうまくやっていくことを支援する方向へと転換したのである。それに加えて、ドラッグ使用を防止することに力点が置かれるようになった。これまで若者のポップカルチャーに批判的だった政府は、一九八〇年代末から、認識と態度を変えるようになった。中央・地方政府は、余暇活動への明確な出発点としてポップカルチャーを受け入れるようになった。地方自治体の余暇・文化への予算は一九九〇年代以降、大幅にカットされてきたが、多くの自治体は若者の活動費を、成人の活動費を犠牲にしても守ろうとした。また、多くの自治体は若者が日常生活に対するより大きな影響力をもつことに力を注いだ（National Board for Youth Affairs, 1996）。

一九九〇年代に入ると、若者には新たな特徴がみられるようになった。それはつぎの八点にまとめることができる。①成人期への移行が長期化している、②教育への要求が一層高まっている、③学校から仕事への移行が長期化している、④市場経済の悪化にともなう雇用・所得上の悪化がみられる、⑤精神的健康が悪化している、⑥政治参加が減少している、⑦若者集団内部の社会的格差が拡大している、⑧晩産化と出生率の低下が進んでいる。これらの特徴を踏まえた時、若者政策は成人期への移行の問題として、全体論的（ホリスティック）なアプローチを必要としていた。

一九九四年に第一次若者政策法が成立し、それにともなって国立青年業務庁（National Board for Youth Affairs）が設置された。さらに一九九八年に第二次若者政策法が成立した。

第一次若者政策法では、若者政策の基本が次のように定められている。①各分野の法規は、若者の状況を包括的に見ること、②若者自身の視点を土台におくこと、③一人前になって自己決定できるようになるための良好な条件が若者に与えられること、④若者の責任、共感、参加、影響といったものを伸ばすための社会的努力が払われること、⑤これらを推進するために、公的機関は協力して事にあたること、その際、NGOが優先されなければならないこと、の八点である。このように、一九九〇年代の半ば以後の若者政策は、これまでにも増して「民主主義」と「影響力」に焦点を当てるようになった。それ以前の青少年プログラムとの大きな違いはこの点にあった。

一九九五年に開催されたEUのルクセンブルグ・サミットで、自国の若者政策に関してそれぞれの国が自主的に国際評価を進めることが決まった。各国はレポートを提出し、国際評価のプロセスを踏むことになった。このレポートに盛り込むことが決められた項目は、各国の若者政策の、①目標、②一般的な政策の方向、③遂行すべき措置、④関連統計、の四点である。国際間で評価するのは、自国以外の視点を通すことによって一層の発展を図ることが期待されたからである。一九九七年にフィンランドの若者政策を対象に初めての国際評価が行なわれ、一九九八年にはオランダ、その翌年春はスペイン、秋はスウェーデンと続いた。国際評価のために、欧州青年促進委員会(CDEJ)は、複数の国にまたがった国際評価委員を指名した。指名されたのは、CDEJ代表で青年問題を担当する行政代表、三人の研究者、欧州の国立青年組織から一人の計五名である。評価委員会はカントリー・レポートによって若者政策の分析評価を行ない、また、委員は評価対象国を訪問して、情報を集めた。

一九九九年のスウェーデン若者政策レポート（National Report on Youth Policy, 1999）は、この評価委員会に提出されたもので、国立青年業務庁がとりまとめたものである。

4　若者政策の特徴とその構成

一九九〇年代以降のスウェーデンの若者政策の内容とその特徴をみていこう。一九九九年のユースレポートには、三つの大目標が掲げられている。

第一の目標は「自立」であり、青年期の到達目標とされている。また、国家と社会はそれを支援する必要があるとされている。具体的な課題としては、大人になる過程において、若者が学校から仕事へと移行することができ、親との同居から自分自身の家庭を作ることができるように道筋を与えることが必要で、それを「自立」の目標とする考え方である。

第二の目標は、「現在および将来において若者がメンバーとして社会に参画し影響力（発言する機会と決定への参画）をもつこと」で、これが社会の目標として定められている。参画とは、若者を状況に適応させるだけを意味しない。影響を与える何のチャンスもない、名ばかりの方法であってはならないと指摘されている〔National Board for Youth Affairs, 1996〕。

第三の目標は、「若者のコミットメント、創造性、批判的思考力を社会は資源として生かさなければならない」ことである。

若者政策は主に、教育政策、労働市場政策、余暇政策、社会政策、住宅政策の五つの柱からなっている。これらに共通する力点は、①成人期への移行を促進する、②積極的シティズンシップを活性化する、③若者の生活条件に関する情報を収集する、④公的活動あるいは政策の調整を果たすことに置かれている。若者政策の担い手は、政策立案者、ユース・ワーカー、青年リーダー、若者自身である。また組織でいうと、国のレベルでは政府機関、地方レベルでは地方自治体とNGOがある。国レベルは政府内の調整・分析を行ない、地域レベルは、若者支援と事後検証をするという水平分担、そして青年のNGOへの支援、国際青年交換、プロジェクトの展開支援という垂直関係の協力関係を作っている。

一九九九年の制定後、二〇〇一年には三つの目標、三二の下位目標が決定された。三つの目標である自立、参加、資源の下位目標に関しては、二〇〇一年から二〇〇三年の三年間の目標が表4―1のように設定されている。

このように三目標、三二の下位目標を掲げ、国と地方自治体はそれぞれの責任を負っている。まず国の関連機関は、下位目標に関する年次事後点検を行ない、結果の分析とすぐれた事例の公表を行なっている。また四年に一回詳細な分析、地域レベルでの事後点検への支援という責任を果たす。一方、地方は積極的に事後点検を実施することになっている。

このような若者政策には二つの重要な傾向があると思われる。一つ目は、レジャーや文化より、若者の生活条件と成人期への着地のチャンスが、政策の全面に出てきて、仕事、住宅、生活費の領

表4－1　2001年から2003年の若者政策の目標

A　自立

1　2001年から2003年の期間中に、高校課程を完全に修得して卒業する者の数を増加させる。

2　同期間中に、各年齢層の少なくとも50％が、遅くとも25歳に達する前に高等教育を受け始めるようにする。

3　同期間中に、25歳未満の失業青年のうち、定職か、適切な教育・訓練か、その他の就職志向型活動または創造性のある活動に参加する割合を高める。

4　同期間中に、15歳から18歳までで、夏期に少なくとも3週間、職業実習機会を与えられる若者の割合を高める。

同期間中に、さまざまな企業形態に前向きな姿勢を示し、企業の業務内容等について知識をもつ若者を増やす。

B　参加

1　2001年から2003年の期間中に、形式上も実際上も学校で重要な役割を果たすことができると感じる生徒の数を増やす。

2　同期間中に、若者と意思決定者の対話ができるような適当な仕組みを備えた自治体を増やす。

3　同期間中に、非政府機関で活動する若者の割合を高める。

C　資源

1　2001年から2003年の期間中に、青年男女によって設立される企業の割合を高める。

2　同期間中に、各種政府委員会等に占める青年男女の割合を高める。

3　同期間中に、地方レベルの意思決定機関に占める青年男女の割合を高める。

域への関心がより高まっていることである。二つ目は、若者政策の制定とその内容に対する関心が高まっていることである。この傾向は、スウェーデンだけでなく他のEU諸国でも同様に報告されている。

若者を扱うセクターの変化にも特徴がある。二〇年前まで、若者を扱う場合は、学校、仕事、組織活動の三つに区分されていたが、一九九〇年代になるとこのような伝統的セクターの境界を超え、新しい区分で若者を扱うようになったのである。とくに、近年では学校に通わず、仕事にも就いていない若者が高い割合を占めるようになっているため、地方自治体では従来のセクターを超えて、多くのプログラムを運営するようになった。そこでは、若者問題に関係する学校教育、社会福祉サービス、労働市場などのセクターをまたがるプロジェクト方式が採用されている。さらに、個人生活と社会生活の両面において、若者を社会へと統合するという目標は伝統的にあったが、それが近年より一層重要性をもつようになってきたのである。また、より全体論的なアプローチをとるようになったことが特徴である。

5　若者の意思決定への参画を進める実践

5―1　ヨンショーピン・コミューンの若者政策の制定と実践の過程

スウェーデンにおける一九九〇年代の若者政策を、国のレベルでみてきたわけだが、国の若者政策と連動しながら、地方自治体は独自の若者政策を策定し、実現に向けて動いてきた。このような動向のなかでも優れた事例として、ヨンショーピン・コミューンをとりあげてみよう。

ヨンショーピン・コミューンは、ストックホルム南方三〇〇kmにある、人口一〇万人の地方都市である。このコミューンは、一九七五年という早い時期に青少年・若者に関する明確な政策を確立し、官民の諸機関が緊密な協力関係のもとに実践を進めてきた。一九九五年に、国連の児童憲章を若者政策の中軸に据える大幅な改訂作業が開始され、一九九六年の秋に行動計画が策定された。このような長期にわたるプロジェクトは、国立青年業務庁によって、「すぐれた実践」として選ばれた。自立・参加・資源という若者政策の理念は、行動計画策定過程から徹底して実践され、子ども・若者の声を聴く活動が広範囲で繰り広げられた。また、行動計画を具体化する仕事が中学生以上の子ども・若者に委ねられた。この過程を追ってみよう。

一九九五年、国連の児童憲章を具体化する方向で、若者行動計画の策定作業が開始された。策定作業方法の検討を委ねられたプロジェクト・チームは、「子どもと若者にインタビューを行なうこと」を提案した。それに従って、地域の活動グループは、情報収集に乗り出すとともに、子どもと若者のグループと接触し、「あなたにとって社会のなかで一番重要なものは何ですか」と質問する活動を開始した。対象は、プレスクール、小中高校、青年リクレーションセンター、青年委員会、地域青年フォーラムの子ども・生徒・若者であり、約一、〇〇〇名を対象にインタビューが実施された。その回答から、彼らの意見、アイディア、提案、好みを汲みつくす努力がなされた。

この作業から、プロジェクト・グループは行動計画の主な目的を七点にまとめた。①安全であること、②参加と責任と影響力、③余暇と文化とアミューズメント、④共生、⑤環境、⑥住居、⑦コミュニケーション、である。これに関する諮問が各行政部局・委員会に託されたと同時に、議会は、具体的な行動計画を若者自身に作成させるとした。子どもと若者は、上記七つの目的に関して、多くの意見や声明書を提出したが、その過程でそれぞれの年齢段階でコンセンサスを作る努力が、地域の諸機関の協力のもとで繰り広げられた。また、学校では教師と生徒の対話によって検討作業が進められた。なかでも中学生はもっとも重要な段階と位置づけられ、教師と生徒が協力して、すべての行動計画について議論することが要請された。社会科の授業は特に重要な役割を担った。

一九九六年秋に行動計画案がまとまり、議会で可決された。その後一九九八年冬、最初の評価が行なわれた。その結果、行政当局は行動計画の存在を強く自覚して、実行のための努力をしているという高い評価を受けた。その後、毎年行動計画に関する評価が行なわれている。

行動計画の具体化として、次の取り組みが実行された。①学校民主主義（school democracy）の実行、②町作りへの子どもと若者の参画、③ユース・フォーラムのような形態で、若者を意思決定に参画させる、④すべての部局が業務の目的や対象のなかに、児童憲章の意図を盛り込む。

行動計画が実行に移されて以後、子どもや若者に関する施策の重要性が増し、若者の声が尊重され、意思決定のプロセスに参画して影響力をもつことを当然と考える市民が多くなったと言われている。また、行動計画が規準となって、各部所、分野で改革が進行し、子どもや若者の影響力が強くなっているという意味で、若者行動計画は「生きた文書」になっていると評価されている。

5―2　学校民主主義の取り組み

ヨンショーピン・コミューンの若者政策はあらゆる分野で実行に移されたが、そのひとつが学校での生徒の参画を進め、彼らの影響力を高めることであった。これを学校民主主義という。その具体例を紹介しよう。ヨンショーピン・コミューンにあるサンダ高校は、若者行動計画を受けて、数年前から、学校評議会において、生徒代表が比率として多数を占めるようになった。このような学校は、二〇〇四年で全国に約三〇ある。

このような方向性は、スウェーデンの学校教育法で定められている。「生徒は自分たちの教育のありかたに影響を与えることができる」（スウェーデン学校教育法第四章二項）、「教師はすべての生徒が学習の仕方、教育形態、授業の内容に対して、実際に影響力をもつように監督しなければならない」（同二・二）、「授業はそれぞれの生徒の能力と必要に応じたものでなければならない」（同一・二）、「教師は生徒とともに授業の評価を行なう」（同二・二）などの条項が、学校民主主義の前提となっている。

図4―1は、学校民主主義のしくみを表している。学校評議会は学校の最高議決機関で、学校にかかわる重要事項を決定している。予算、学習形態、労働形態から野外活動までも決定する機関である。委員は、校長、生徒代表、教員代表、職員代表から成り立っているが、生徒代表が半数（多

図4−1　学校民主主義のしくみ

生徒の影響力のモデル

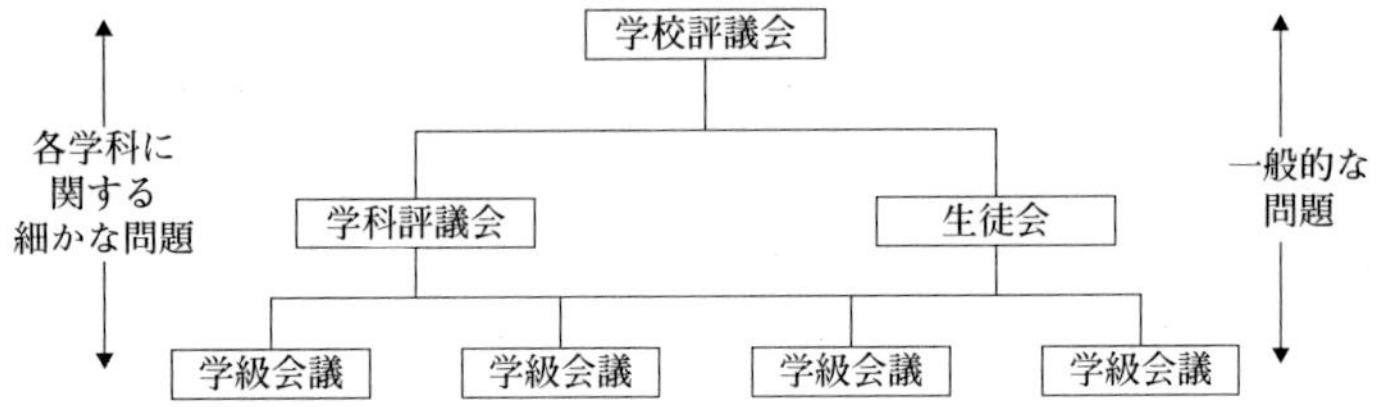

数派）を占めている。学校民主主義のもうひとつの場は教室であり、授業に対して生徒が影響力をもつことの重要性が認識されている。生徒委員会は生徒の最高組織で、生徒の学校生活の諸般を決めている。クラスからは二名の委員が生徒委員会に出席する。学校の生徒会は、他の学外生徒会とともに、ヨンショーピン生徒会連合会をもっている。町の中心地には、この連合会の事務所がある。

サンダ高校の学校民主主義に関して、生徒がどのように認識しているかを知る資料として、つぎのインタビューを紹介しておこう。

5—3　町づくりへの若者の参画

学校における生徒の参画が進められている一方、地域では若者行動計画に基づいて、町作りに子どもや若者を参画させる実践が展開している。市街地の公共交通、駐車場、街灯などの改善に関して、子どもや若者の意見を聴取したり、進行中の再開発計画への参画を進めている。参画を進めるにあたって重要なことがいく

<学校評議会の議長へのインタビュー>

氏名　ヨハン・サンドクヴィスト (Johan Sandkvist)
役職　サンダ高校の学校評議会議長
活躍　国体で金メダルを二つ、小学校低学年時から生徒会で活躍、生徒代表団体について詳しい
趣味　水泳、自分から音を立てる
好きな言葉　Split a piece of wood and I will be there
将来　知識やスポーツの面で自分を磨く

Q　あなたにとって学校民主主義はどんなものですか？
A　学校における民主主義ということです。授業形態に影響を与えることから、学校のお金がどう使われるかまで、すべてに関わっています。
Q　あなたの学校で学校民主主義がうまく機能するために何をしていますか？
A　一生懸命に活動しています。学級のレベルで生徒の影響力を強化したいと思っています。
Q　どうしたら教室で生徒がより大きな影響力を持つことができると思いますか？
A　教師が権威的・詰め込み教育タイプの人間だと、教室で生徒が影響力を持つのは難しくなります。そんなときは生徒がうまく状況を把握し、20年前に一般的だった方法とは違ったやり方で学べることを、教師にわからせるよう努力することです。
Q　あなたの活動での障害になっていることは何ですか？
A　壁はあちらこちらにあります。教師は昔の組織の中にしがみついているし、学校の指導部は教室から遠く離れたところで生きていることがしばしばです。それから、お金が足りないのがいつも悩みの種です。
Q　学校評議会について聞きたいのですが、学校の財政的な責任を持っているのは校長で、学校の予算の決定を行うのは学校評議会で校長ではない。これは矛盾しませんか？
A　校長が学校評議会に信頼を置いているかぎり、問題になることはありません。お互いを信頼しあうというのは、ほかの場所、たとえばクラスでの教師と生徒の関係においても基本的なことです。教師は生徒が責任を負うということに信頼を置き、生徒は自分が教師から知識を学ぶということに信頼を置かなければならないと思います。
Q　最後に、学校評議会はどうやって学校に関わる者すべてを代表することができるのですか？
A　クラスや職員室で決まった事柄を学校評議会が支持することが大切です。テーマが十分に関心を引きそうなことなら、学校の誰もが関心を持つようになります。誰でも、学校での日々の生活に関わる問題の議論に参加できなければ、影響力を与えることに対する興味は育たないと思います。

出所　パンフレット「サンダ高校学校民主主義」

つか指摘されている。大人が若者に約束したことは実現するというスタンスに立つことが重要であり、言わせっぱなしにしないことが、その後の関心の持続、参画しようという意欲を持続させる条件である。また、意思決定への参画を促すため、若者たちに情報を与えることが重要であるという。学校民主主義、町づくりの事例とも、地方自治体、政策立案者、政治家、ユース・ワーカー、学校等のパートナーシップが必要で、若者政策の実現にむけて、地域の諸機関が連携することが重要であると指摘されている。ヨンショーピン・コミューンは、そのような連携体制を長年の間に作ってきたのである。

5—4 若者の手で、若者のために——全国青年組織協議会の例

スウェーデンの若者政策は、若者の力を強化し、社会のメンバーとして行動し発言し、影響力をもった存在にすることに力点が置かれている。そのためには、大人が子どもや若者に働きかけるだけではなく、若者自身が力をつけて、若者のために活動する主体となることが必要である。それを表現するスローガンは、「若者の手で、若者のために　by the youth, for the youth」である。そのような活動の例として、スウェーデン全国青年組織協議会（LSU）をとりあげよう。

LSUは、一九四七年に設立された、全国の青年組織を束ねる非政府組織（NGO）で、三〇歳以下の四〇名の若者によって運営されている。運営費は国の助成金であるが、プロジェクトごとに助成金を獲得して維持されている。以前は国際的な問題を扱っていたが、一九七〇年代以後、青年

組織に若者が参加しなくなるという危機に直面するなかで、国内問題に比重を移すようになった。傘下の青年組織は、政治、文化、スポーツその他、あらゆるタイプにおよんでいる。ＬＳＵの使命は、これらの青年組織が活発に活動できるように、体験の共有と相互学習のためのミーティング・スポットであることと、研修・相談・情報提供を通して、参加メンバーの力をつけることである。また、若者の社会的影響力を増すための対外的活動をしている。

ＬＳＵの活動は、スウェーデンの若者政策を反映しており、スタッフが明確に認識していることは印象深い。国の政治に対して若者の意見を反映させるための活動はＬＳＵの重要な使命である。「若者の参加」に関して、ＬＳＵのスタッフは、つぎのように表現している。「若者の参画を、単に若者用に席をあけるという意味でとらえるなら、それは単に見世物としての参画にすぎない。若者が参加する権利はあっても影響力をもっていないのは、実際の力を与えないからだ」。重要なことは、「参加するための席を与えるだけでなく、社会に対する若者の影響力をもたせることだ」。議員選挙では「たくさんの若者候補者が当選するが、多くがそこを去ってしまう。なぜなら、彼ら自身では影響を及ぼせないと考えるからだ」。

若者の力をつけるための研修は、ＬＳＵの重要な任務と位置づけられている。「社会のなかで積極的な活動をするために、私たちはお互いにお互いを教えあっている」という。若者の力をつけるための教育・学習に関しては、フォーマル教育だけでなく、インフォーマル教育（非定型教育＝無意図的教育機能）の重要性が指摘されている。とくに、子どもの頃からの組織体験活動が、どのような種類のものであれ、自立のための重要な学習の場になると指摘されている。このような成長過程の経験を土台に、成長後のインフォーマルな実地経験・学習が、若者をエンパワーメントするというのである。

6 包括的若者政策とシティズンシップ

スウェーデンでは、若者の失業問題の発生を機に、若者に対する包括的な生活支援の必要が論じられ、九〇年代後半になると、就労支援にとどまらず、教育や住宅、社会保障、社会参画など、トータルな視点から、若者の生活の安定と成人期への移行を支援する包括的な移行政策へと、発展したことをみてきた。スウェーデンをはじめEUの若者政策は、成人期への移行に対する公的責任を形にしたものであり、そのためには若者の社会への参画を大胆に進めることが必要であるという前提を立てものとみることができる。そこには若者の社会的包摂（social inclusion）を進め、社会的排除（social exclusion）を防止することが意図されている。

EUの若者政策の第一目標は、若者の自立の権利を保障することにあったが、自立の最終的目標は、親から自立して自分自身の生活を築くことができるようになること、そして社会の完全なシティズンシップを取得することである。そして成人期への移行の目標は「自立すること」であり、自立の達成を若者の権利として位置づけているのである。具体的には、雇用、教育、職業訓練、社会保障、住宅などの政策が若者政策の柱を成している。

これらの若者政策の真髄にある若者観と照らしあわせた時、日本の特徴が見えてくる。日本では新規一括採用制度によって、学校から「会社」へとストレートに移行することで一人前になるという社会システムが、一九九〇年代中盤まで機能してきた。近年、このシステムの弱体化にともなって、自立の責任がもっぱら親と本人に課されつつある。すなわち、経済的に自立できるまでの扶養、安定した職業に就くまでの試行錯誤にかかる負担の家庭内部化、そして失敗の自己責任化が進行している。その結果、もっとも大きなリスクを負うのは、先進諸国で社会的排除に陥りやすいとされている類型（低学歴、貧困、移民、障害者、経済衰退地帯の若者）と一致する。

ＥＵ諸国における議論と日本とを比較した時、日本の特徴と思われるのは「普通の若者たち」の弱体化がより大きい問題と認識されていることである。このこととも関係して、世間一般の関心は若者の主体性の問題（意欲や労働観や自立意識の弱体化）に向けられる傾向が強い。こうした認識は、「根性のたたきなおし」などの精神論に容易に行き着く危険性があり、依存性の強い若者世代が形成された社会・文化的構造と経済構造の両面で、重要な問題が無視されかねない。

若者の弱体化は、家庭・学校・地域その他において、若者の参画がなおざりにされ、若者の役割喪失が進行してきた結果であることを認識する必要がある。若者が社会においていかなる影響力ももてない状況が、自信や自尊感情を剥奪し、無力感を生む原因となっている。

日本においても、一九九〇年代の終わりから二〇〇〇年代前半には、矢継ぎ早に若者政策が生まれた。「豊かで平和な時代に生まれ育った若者の意気地のなさへの批判」という傾向を根強くもちながらも、若者の職業的自立支援を重要政策課題として位置づけようという動きが本格化している。若者の職業的自立支援を、国家政策として位置づける姿勢が明確になったことは、日本の若者政策が大きな転換期にあることを示している。しかし、職業的自立支援と若者の社会参画とが、車の両輪として位置づけられてはいない点に、日本の若者政策の限界がある。単なる雇用対策を脱して、シティズンシップ政策の面をも持つことで、若者政策は包括的総合的な政策へと高まるはずである。そのためには、ポスト工業化時代における若者の実態を総合的に把握し、それを踏まえた新しい若者観を共有することが必要と思われる。

引用・参考文献

コールマン・J／ヘンドリー・L　二〇〇三『青年期の本質』白井利明他訳、ミネルヴァ書房
ステファニー・クーンツ　二〇〇三『家族に何が起きているのか』岡村ひとみ訳、筑摩書房
宮本みち子　二〇〇二『若者が〈社会的弱者〉に転落する』洋泉社
――　二〇〇五「先進国における成人期への移行の実態――イギリスの例から」『教育社会学研究』第七六集
Commission of the European Communities, 2001, European Commission White Paper: A New Impetus for European Youth.
National Board for Youth Affairs, 1996, The Winding Road to Adulthood.
National Board for Youth Affairs, 1999, National Report on Youth Policy.

第五章　日本の若年者就業支援策

金崎　幸子

1　はじめに

日本では、いわゆる「一般労働市場」とは別に「新規学卒労働市場」と呼ばれる労働力需給のシステムが存在する。これは、学校・行政・産業界など関係者の協調と長年の慣行や制度・政策の上に成り立ってきたものであり、学校教育と就職へ向けた活動をできるだけ両立させつつ、卒業と同時に学校から職場へ若者を円滑に移行させる役割を果たしてきた。

この仕組みは、教員や就職支援担当者に限らず、日本で学校教育を受けた者の大半がある程度その存在を体感しているところであり、諸外国の制度のように改めて基本的な部分も含め解説する必要はないだろう。

しかし、近年、若者の就職をめぐる環境が大きく変化するなかで、学卒就職のシステムも少しずつ変わりつつある。実態として学卒労働市場が徐々に一般労働市場に飲み込まれつつあり、制度・政策面でも、関係者の対応においても、従来とは異なる動きが見られるようになっている。

それにともなって、若年者自身が抱える課題、企業など受け入れ側が講じるべき手立て、雇用行政や教育機関が取り組もうとしている重点領域も変化しつつある。

ここでは、これらの動きを踏まえて、供給側、需要側、政策側の観点から問題を整理し、最近の日本において、どのような点が若年者就業支援の課題となっているかということを見ていきたい。

2 若年者雇用対策の基本的枠組み

2―1 新規学卒者採用・就職活動のルール

最初に、多くの関係者にとって既知の事柄ではあるが、諸外国と比べて日本の若年者労働市場の特徴とも言える新規学卒者の採用・就職の仕組みについて簡単にまとめておく。

新規学卒者の就職に関しては、職業安定法において、学校も職業紹介機関として位置づけられ、学校と公共職業安定所が連携・協力して指導援助を行なうこととされている（職業安定法第二六条）。連携・協力の形態は学校段階や指導体制等によりいくつかのパターンがあるが（同第二七条、第三三条の二）、基本的に、中学校・高校では縁故や公務員就職等を除くほとんどの求人がハローワーク・

学校を経由しており、生徒の就職活動を学校が指導し、ハローワークが求人内容の確認や求人情報の提供などのサポートを行なう仕組みとなっている。

在学中の学習と就職活動を両立しつつ卒業後すぐに新入社員として入社することを可能にするためには、学校と公共職業紹介機関が連携するだけでなく、産業界の協力も得て、一定のルールを設定することが必要と考えられてきた。このため、従来からさまざまな行政指導や関係者の自主的申し合わせにより、採用選考期日をはじめとする採用活動に一定のルールが設けられている。

例えば、新規中卒・高卒求人においては、厚生労働省と文部科学省の連名局長通達により、採用就職活動に使用する書類や求人活動の手続き・スケジュールなどを定め、企業側に遵守を要請している。

また、高校では、教育現場の長年の慣行として、できるだけ多くの生徒に機会を配分するため、一回目の選考においては、一人の生徒に一社だけを受験させる、いわゆる「一人一社」方式が続いてきた（これはあくまで慣行であって、法令や通達などの行政指導によるものではない）。

一方、大学・短大・専修学校等では、高校までの段階と比べ、学生の自主性に任されている部分が多く、多くは学校の就職担当部門の指導や情報を利用しつつ、個人の判断と計画で就職活動をしている。学生専門のハローワーク（学生職業センター、学生職業相談室など）も設置されているが、従来からハローワークが果たす役割の比重が高校までと比べて相対的に低く、民間の就職情報誌や就職面接会・セミナー、最近は特にインターネットを利用した就職活動が急速に拡大している。

また、後述する「就職協定」の廃止後は、日本経団連（二〇〇二年五月以前は日本経営者団体連盟（日経連））が自主的行動規範として毎年度「新規学卒者の採用選考に関する企業の倫理憲章」を定めているものの、採用活動日程等を強く拘束する規定や申し合わせに当たるものはない。

2―2　若年者雇用対策の基本的スタンス

新規学卒者の労働需給調整においては、人材供給が一時期に集中することから、①学校卒業時に失業状態になる者を出さず、②企業が必要な人材を計画的に採用でき、③就職活動ができるだけ学校教育の妨げにならないようにする、という目標の達成のためには、効率的・効果的なシステムが必要となる。また、いわゆる「終身雇用慣行」を重んじる意識の中で、新卒時の就職がその後の職業人生を左右するものとして特別に重視される傾向が強く、社会経験や職業能力の発達が十分でない上に就職内定から実際の入社までの期間が長い新卒者を保護するという観点からも、秩序の維持やリスクの回避が求められてきた。

このため、新規学卒者に関しては、採用活動の自由が多少制約されることがあっても、できるだけ多くの生徒に公平かつ安全に就職機会を保障することが優先されるというのが従来の基本的な政策スタンスであった。古くは昭和三五年三月三〇日付文部・労働両事務次官連名通達「高等学校・中学校新規卒業者の推薦開始の時期等について」をみると、その趣旨を、「……生徒の学校における勉学の期間をなるべく長期間安定させること、および適切な進路指導を通じて就職希望生徒の円滑かつ適格な就職を期することに主眼をおくとともに……」としている。

　このような考え方は、おおむねこれまで長く社会的コンセンサスでもあったと言えよう。

　現在においても、このような政策的観点に基本的には変更はないと思われるが、需給両面での構造変化や就職をめぐる意識の多様化、規制緩和の流れなど大きな環境変化に伴い、具体的な取り組みや中心となる政策課題は変わりつつある。

　そこで、次に、近年における政策的変化の背景についてふりかえり、現在に至る流れを整理してみる。

3　若年者雇用対策の流れと転換点

3―1　供給面と需要面の変化の同時進行

　若年者雇用の構造変化は需給両面において進行している。需給どちらの側でも、量的縮小と構成の変化が顕著になっている。

高卒就職者と大卒就職者のウエイトの逆転

　まず、近年の供給面での基本的な変化として、若年人口の減少――絶対数としても比率としても――があげられる。中学校卒業者ベースで見ると、一九九七年の一五一万人から二〇〇四年の一三〇万人へと数年の間に一学年の人数が約二〇万人減少している。すなわち、これは、新規学卒者の集団としての「数の力」が低下してきたという

図5−1　新規高卒と新規大卒の就職者数の推移

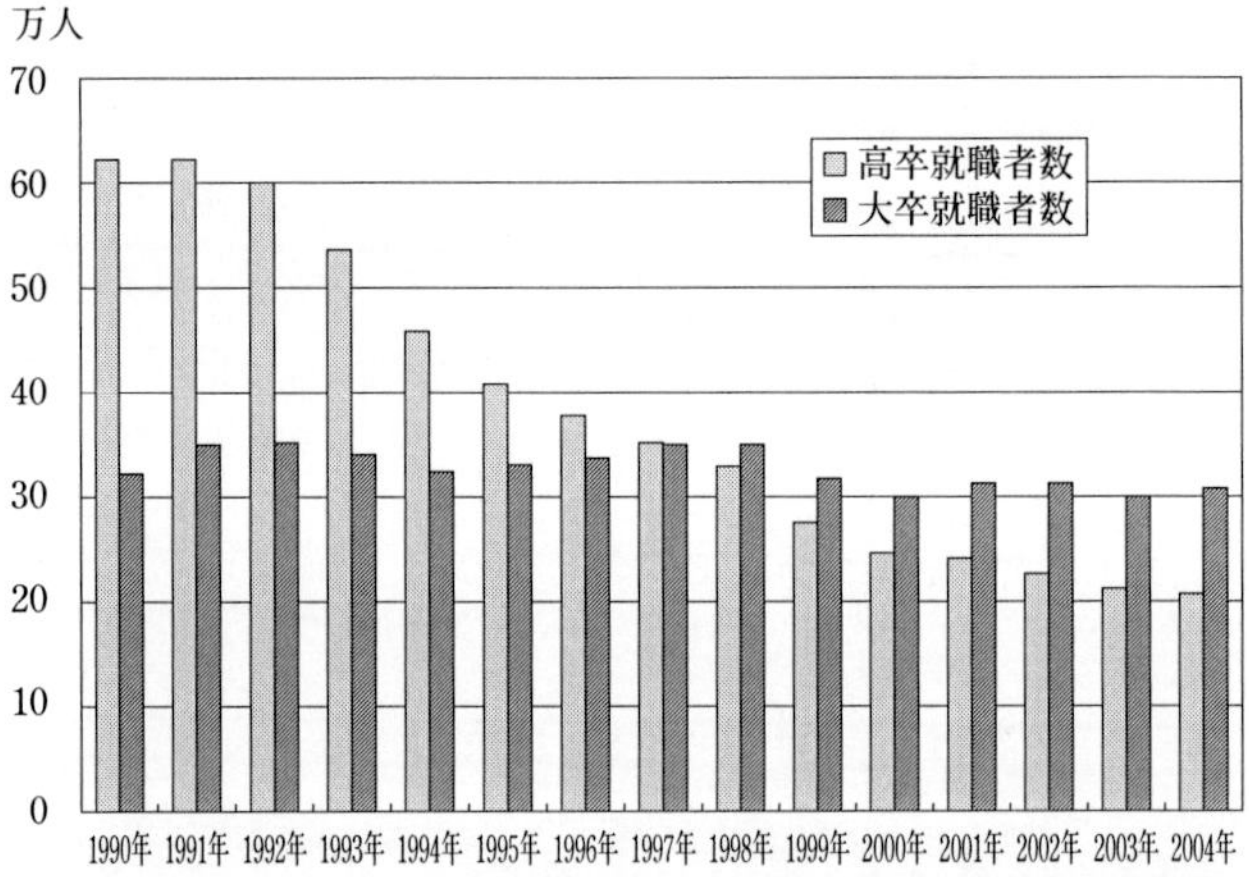

資料出所　文部科学省「学校基本調査」

ことでもある。

　第二に、進路の多様化と、その結果としての学卒労働市場の一体性の希薄化ということがあげられる。一九九〇年時点では、高卒就職者六二万人、大卒就職者三二万人と、学卒就職者の多数派は高卒者であり、政策的にも高卒者対策をコアとして対応を考えることができた。高卒就職者数と大卒就職者数は九七年に約三五万人ずつで並び、九八年に高卒者三三万人、大卒者三五万人で逆転して以降、二〇〇四年には高卒二一万人、大卒三一万人と年々差が拡大している。また、専修学校卒の就職者も増えているので、全体として学歴構成が分散している。このため、一口に「新卒者」と言っても、状況も抱える問題も異なり、共通課題を見出すことが難しくなっている。

図5－2　非正規雇用者の割合の推移（非農林業）

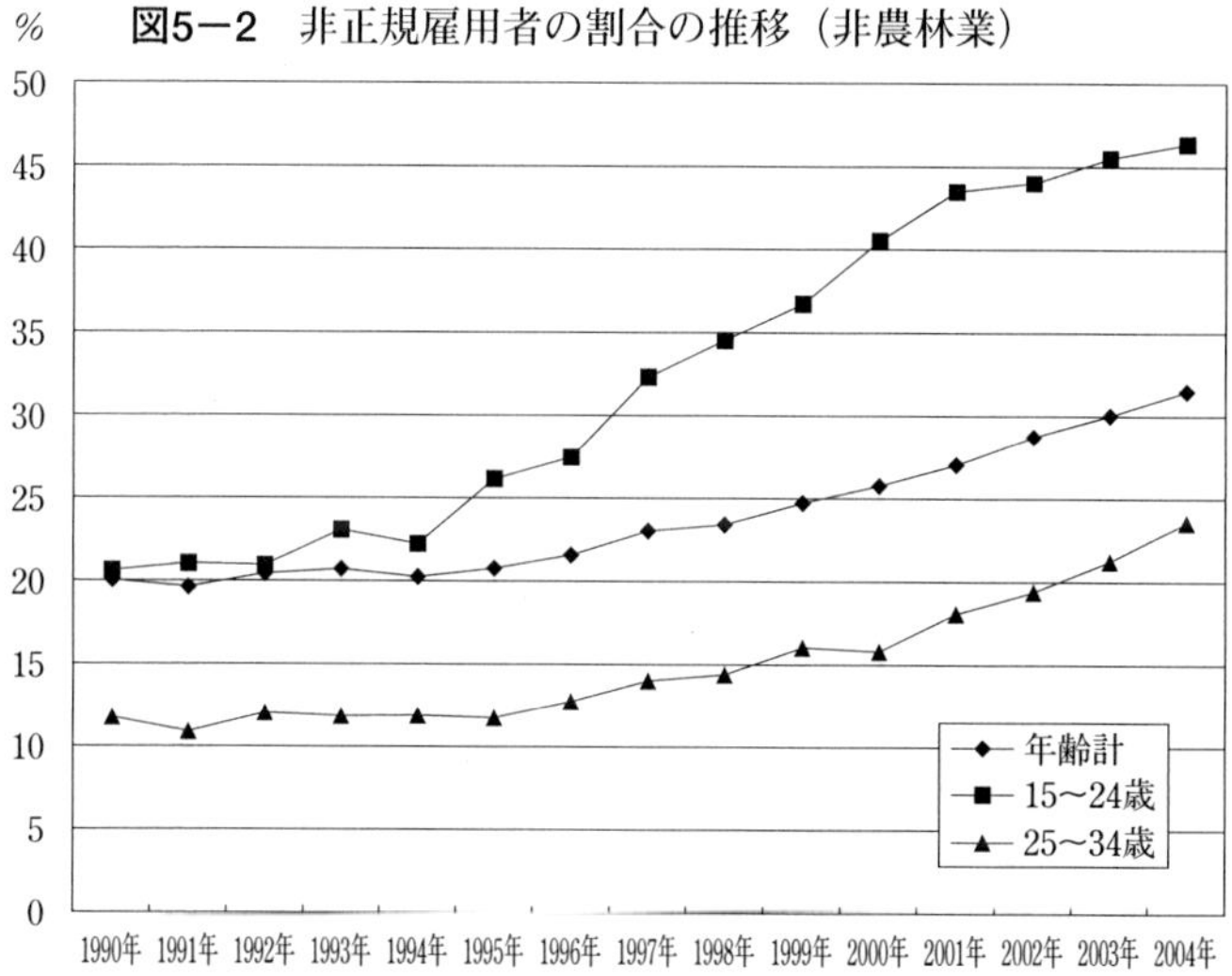

資料出所　総務省統計局「労働力調査特別調査」（各年2月）、
「労働力調査（詳細集計）」（各年1～3月）

雇用需要の縮小と雇用形態の多様化

一方需要面では、第一に、長期不況、見通し不透明感からくる人材投資の手控え、常用雇用という長期にわたる固定費を負うリスクを回避する動きがあげられる。

第二に、産業構造と技術革新などから職務構成が変化し、人材に求める要件や優先順位に変化が生じていることがあげられる。これは、具体的には、即戦力の重視、労働力の外部化、情報化等に対応できる人材に対する需要などの形で現れている。中でも、若年者の就職状況を大きく変えたのは正社員採用の手控えである。一五～二四歳層の非正規雇用者の割合（非農林業）は、この一〇年間で二〇％台から四〇％台へ（在学中を除くと一〇％台から三〇％台へ）と急上昇している。かつての「新規学卒就職＝将来の基幹労働力としての正社員採用」という常識が通用しなくなってきているということである。

結果としての今日の状況

これらの変化の結果としての現状について、ごくおおざっぱにまとめると、以下のことがあげられる。

一つには、新規学卒就職者の学歴別シェアが分散する中で、「学卒」共通の課題の比重が低下するとともに、学歴や専門性などによる状況の格差が拡大していること。

二つ目に、正社員として定期的に一括大量採用する企業が減少したことにより、数のまとまりとしての同世代・同質集団が形成されにくくなっていること。

三つ目に、雇用形態の多様化（派遣、アルバイト等の増加）により、キャリア形成過程の差異が拡大し、学卒就職の標準的パターンあるいは共通目標が消滅しつつあること。

すなわち、従来、日本においては他の世代と比べて比較的均質の集団としてとらえることが可能であった若年者についても、ひとまとめに考えることが難しくなり、職業生活へ向かうスタートラインに立った時点で、すでに個々人の状況が多様化している。これは、政策立案や支援を行なう側から見ると、より個別的な対応が必要になってきているということである。

3―2　政策的ターニングポイント

このような構造的変化を背景に制度・政策の動きをふりかえると、一九九七年から九八年にかけて、高卒就職者数と大卒就職者数が逆転した時期が、政策面でも近年の大きな転換点であったと考えられる。

そこで、この前後の時期に若年者雇用に影響を及ぼした、あるいは変化を象徴すると考えられるできごとをいくつかピックアップしてみたい。これらは、今日における若年者雇用を取り巻く流れ—採用活動における規制やルールの縮小、正社員採用の減少、キャリア教育の拡大、関係者の連携強化の動き—などの起点としての意味を持つからである。

就職協定の廃止―規制の弱まり　一九九六年一二月、当時の日経連が学校側との「就職協定」を廃止する方針を決定し、九七年度の採用活動から企業側は自主的ガイドラインに移行することになった。

就職協定は、大卒者等の採用就職活動のスケジュールなどを定めたもので、一九五三年から始まり、いろいろな経緯をたどりつつも半世紀近く存続してきた。法的・制度的根拠があるわけではなく、新規大卒労働市場の秩序維持と教育環境の確保という趣旨の下に、大卒人材の確保に走る企業側と教育の理念を優先したい学校側との妥協点として設定された紳士協定にすぎないが、少なくとも「建前」として、一定のコントロール機能を果たしてはいた。

これが企業側主導で廃止されたということは、当時の労働市場における買い手優位と規制緩和の流れを背景に、大卒労働市場のリーダーシップを完全に企業側がつかんだこと、大卒者の増加の中で大卒者が特別の存在ではなくなり、新規大卒労働市場が一般労働市場に吸収されていく方向を加速したこと、新規大卒採用活動の自由度が高まったことにより、高卒労働市場が大卒労働市場の補完的扱いという位置づけとなっていったことなど、これ以降の学卒労働市場のあり方を決める重要なターニングポイントとなったと思われる。

その後、新規大卒者の採用・就職活動は年々早期化が進み、活動開始から実際の入社までの期間が長期化することにより、学校教育への影響だけでなく、企業にとっても手間やコストの増大が大きな負担として感じられるようになってきている。このため、日本経団連は、二〇〇四年度の採用活動に当たり、初めて会員企業に呼びかけて「倫理憲章の趣旨実現をめざす共同宣言」を発表するなど、この傾向に歯止めをかけようとする姿勢を強めている。

労働法制の見直し——雇用形態の多様化を加速

労働法制面に関しても、九〇年代後半からいくつかの大きな制度改正が行なわれた。

まず、一九九七年六月には「男女雇用機会均等法」の改正・公布（施行は九九年四月）が行なわれた。男女雇用機会均等法は、一九八五年に成立し、八六年に施行されたが、この時点では募集・採用の機会均等は企業側の努力義務となっていた。それが、この改正により禁止規定となり、その結果、学卒用求人票からも、ほぼ完全に男女別の欄が消えることとなった。これは、もちろん若年者に限った施策ではないが、男女の職種別すみわけの実態を背景に、新規学卒の「若い女性」を一定数定期的に採用してきた企業にとっては、実際問題として、それまでの採用のあり方に少なからず影響を受ける事態であった。

さらにこの後、一九九九年六月には労働者派遣法が一部改正されて派遣対象業務が拡大され（一二月に施行)、二〇〇〇年一二月には、「紹介予定派遣」の運用が解禁された(その後二〇〇三年六月の改正で法的に明確化された)。これにより、新規学卒者にも、正社員のほかに最初から派遣で働くというルートができ、進路選択と雇用形態の多極化が加速されるきっかけの一つともなったと考えられる。

インターンシップへの注目――キャリア教育の活発化　もう一つ、一九九七年の出来事として、九月の「インターンシップ等学生の就業体験のあり方に関する研究会」(労働省)中間報告及び「インターンシップの推進に当たっての基本的考え方」(文部省・通産省・労働省三省共同提言)の公表ということをあげておきたい。この時期、一方では就職協定の廃止という学校側と企業側の距離が離れるような出来事がありながら、一方では産学協同の事業であるインターンシップの推進ということが急速にクローズアップされた。

インターンシップについては、趣旨に反対する者は誰もいないものの、実際には、採用活動につながる効果を期待する企業側と、教育の一環という位置づけを明確にしたい学校側との間で、本音の部分では若干のギャップが存在する。また、就職協定の廃止後は、大卒の採用活動の早期化など自由度が高まったこともあり、企業の本音部分では、推進しようとした当初に比べて関心が薄くなった面も否定できない。

しかしながら、この時期にインターンシップがクローズアップされたことは、学校に就業体験を通した意識啓発の重要性に目を向けさせたことや、教育界と産業界との連携の枠組みが広がったことを通して、政策的な意味としては、その後の意識啓発対策の推進につながる契機となったのではないだろうか。

インターンシップを何らかの形で導入している大学は、文部科学省の「大学等における平成一四年度インターンシップ実施状況調査」によると全体の四六・三%、体験学生数は三〇、一三二人となっている（厚生労働省の「インターンシップ推進のための調査研究委員会報告書」では、単位認定を受けなかった学生を含めると全体でおおむね一二万人がインターンシップに参加しているものと推計している。大学への入学者数が毎年六〇万人前後であることから、単純に大学在学中に一人一回参加するとすれば、学校の正規のカリキュラムで体験する学生は五%程度、その他も含め何らかの形でインターンシップを体験している学生は五人に一人程度となる）。

このように、政府が公式にインターンシップに取り組みはじめた当時は二割未満であった大学のインターンシップ実施率は約五割まで上昇し、学校単位でみると、取り組む大学が多数派となりつつある。また、大学・短大に続いて、「ジュニア・インターンシップ」のように中学校・高校での職業体験の取り組みも拡大しつつある。このことは、学生・生徒自身だけではなく、学校の教員、就職支援担当職員など指導する側の意識や職業理解にも少なからぬ効果をもたらすのではないかと考えられる。

内定取り消しの社会問題化——関係者の連携強化

一九九七〜九八年にかけては、大型倒産等による新規学卒者内定取り消しが多発し、大きな社会問題となった時期でもあった。

最近の日本では、銀行・証券会社のような金融機関であっても、つぶれることはそう珍しいことでもなくなったが、数年前までは、安定した就職先の代表格であった金融機関の倒産や廃業は、経済だけではなく社会的常識を覆すような大事件であった。これらの倒産企業の従業員の再就職問題はもちろんのこと、採用内定されていた学生についても、ほぼ従業員と同じようなダメージを受けるものとして、教育行政と労働行政が連携して支援策が講じられることになり、行政間の連携協力の重要性が改めて認識される契機ともなった。

なお、一九九九年一二月には、大学生を中心とした学生の就職支援のため、東京六本木に「学生職業総合支援センター」が設置された。学生の就職支援のためには、それまでも主要都市に「学生職業センター」を置き、その他の県庁所在地にも「学生職業相談室」といった窓口が設置されていたが、この学生職業総合支援センターは、学生向けの公的な就職情報を束ねる機能を持たせるため、求人情報のデータベース化やホームページによる情報提供など、公的な職業紹介機関におけるインターネットの本格的な活用の先駆例ともなった。

このように、大卒向け施策の充実を図ってきた若年者対策であるが、厳しくなる一方の新規高卒者対策を考えるために、「高卒者の職業生活の移行に関する調査研究会」が文部科学省・厚生労働省共同で設置され、二〇〇一年七月には中間報告、二〇〇三年三月に最終報告が出された。この中で、高卒者の採用・就職に関する課題を整理し、これまでのルールの見直しや新たなルール作りに向けて各地で関係者による検討を開始することが提言されており、その後、都道府県単位での検討会議が発足している。

3—3 「学卒労働市場」と「若年者であること」の競争力のゆくえ

以上に述べたような経緯を経て、現在、若年者問題が労働市場や雇用対策全体の中でどのような位置づけにあり、どのような方向に向かいつつあるのかということを考えてみたい。

いわゆるバブル崩壊以降、雇用全体のパイが大きくならないなかで、特定の対象に重点的な支援を行なえば、それ以外の層はシェアが圧迫されるのではないかという懸念が生じるようになっている。

以前は、若年者の労働市場と中高年齢者の労働市場は別物として、ある程度すみわけも出来ており、雇用施策においても、「学卒労働市場」と「一般労働市場」を明確に意識して区分し、「学卒労働市場」の特殊性（労働力としては未熟であるが、社会的プレミアムが高く、買い手にとって投資的性格が強い）に対応するとともに、ある意味でその特性を「守る」ことを前提とした施策展開となっていた。

しかし、雇用のパイが拡大しないなかで、学卒労働力が多様化し、状況の共通性が薄まるにつれて、学卒労働市場と一般労働市場との垣根（境界線）も崩れ、ボーダーレス化しつつある。

また、規制緩和の流れもあって、新規学卒者を「特別扱い」する規制も撤廃ないしは縮小される方向にあり、これにともなって、従来は一般労働者を想定していた雇用施策全般が新規学卒者に及ぼす影響が増大するという現象も見られる。

前述した労働者派遣法の改正や男女雇用機会均等法の改正なども、年齢層を限定しない一般的な雇用施策・制度であるが、新規採用者や既存の人事労務管理への組み込みが浅い若年雇用者の上に制度改正の影響が及びやすい。

一方、「トライアル雇用」などのように、従来は高齢者・障害者など労働市場においてハンディキャップを有する人々を支援する政策手法であり、若年者には無縁のものと思われていた奨励金制度などが若年者を対象として導入されるなど、施策展開もボーダーレスとなっている。

日本においては、労働市場における若年者の位置は、一般的に、現時点での職業能力としては弱者であっても、将来性を含めた競争力では強者であった。しかし、雇用構造が多様化し、将来の経営環境についても長期的な見通しが困難な現状では、「若さ」の持つ企業へのアピール力が低下しつつあり、若年者にも現時点で通用する付加価値（競争力）を付けて労働市場に出すことが必要となっている。

企業の人材戦略が短期化する中では、従来企業が将来への投資として担ってきた人材育成機能の受け皿を社会全体として何らかの形で確保し、年齢を加えてもキャリアアップが困難な未就職卒業者・フリーターなどの不安定就労層や非労働力層（ニート）の集積を防ぐことが緊急の課題である。

幸い、団塊の世代が大量に定年退職の時期をむかえる、いわゆる「二〇〇七年問題」への対応もあり、企業の採用姿勢が久しぶりに積極的になっている。新卒者だけでなく、安定的就労を希望する若年求職者にとっての好機であり、この機会を最大限生かせるよう、一層きめ細かな支援が望まれる。

4 若年者就業支援対策の現状と重点

若年者就業支援対策には、いろいろな区分のしかたがあるが、以下では、最近の施策について、職業意識啓発、職業能力開発、就職活動支援、雇用機会の開拓、といった分け方で重点課題を中心に概観していく。

重点が置かれる分野はその時々の状況に応じて変わってくるが、最近における傾向を見ると、将来の人材育成に向けた能力開発の仕組みの充実や就職活動支援窓口の整備が進み、予算も重点配分されるようになっている（別表平成一七年度予算事項参照）。また、必ずしも雇用労働だけでなく、自立や社会参加を含めた広い意味の就業支援策が拡充されてきており、その最初のステップとして学校段階においてキャリア教育が担う役割がますます重要になっている。

4—1 職業意識啓発—国民運動化

フリーターやニートの増加などの背景に若年者の就職意識の未成熟があるのではないかという問題意識から、若年者側の意識啓発にさまざまな手立てが講じられており、また次第に年齢的に早い時期からの実施へと取り組みが前倒しされるようになってきている。

在学中の早い段階からの取り組みを可能とするためには、学校におけるキャリア教育の充実だけでなく、雇用行政・教育行政の密接な連携が不可欠である。このため、中央レベルでの意見交換や共同の研究会などのほか、現場でも、就業体験の受け入れ先の開拓、生徒へのガイダンス、事前事後の指導など、各種事業で学校とハローワークが協力して行なう場が拡大している。

教育の現場では、二〇〇〇年に「教育改革国民会議」の議論の中で、「生きる力」を育てるという理念から、学校卒業後の生きる力の基盤となる職業人・社会人としての基礎作りが注目されるようになった。また、従来の教科学習の枠を越えた「総合的学習の時間」が小中学校では二〇〇二年から、高校では二〇〇三年から本格実施されたことも、職業に関する学習の活発化に寄与するものとして期待された。

産業界においても、フリーターやニートの増加に対する危機感が高まるなかで、経済団体が職業意識啓発に取り組む姿勢を見せている。

さらに、二〇〇三年六月の「若年者自立・挑戦プラン」、二〇〇四年一二月の「若者の自立・挑戦のためのアクションプラン」（概要は一八六ページ表参照）の策定に続き、二〇〇五年五月には、官民の関係者が参集する「若者の人間力を高めるための国民会議」が設置されるなど、若年者の職業意識啓発について、広く「国民運動」との位置づけがなされている。

平成17年度厚生労働省予算案の主要事項より

若年者を中心とした「人間力」強化の推進

1　若者人間力強化プロジェクトの推進

（1）若者の人間力を高めるための国民運動の推進（新規）

若年者雇用問題についての国民各層の関心を喚起し、若者に働くことの意義を実感させ、働く意欲・能力を高めるため、経済界、労働界、地域社会、政府等の関係者が一体となり、国民会議の開催や啓発活動等に取り組む国民運動を展開する。

（2）フリーター・無業者に対する働く意欲の涵養・向上

○若者自立塾の創設（新規）

合宿形式による集団生活の中で、生活訓練、労働体験等を通じて、職業人、社会人として必要な基本的能力の獲得、勤労観の醸成を図り、働く自信と意欲を付与する。

○ヤングジョブスポットの見直し等による若年者への働きかけの強化

拠点を設置して若年者の参集を待つ従来の方法を見直し、若年者が集まりやすい場所に出向き、情報提供、相談等を実施するとともに、インターネットを活用して情報を発信する等により地域における若年者に対する職業的自立への働きかけを強化する。

○就職基礎能力速成講座の実施（新規）

民間事業者を活用して、職業意識啓発、職場におけるコミュニケーション能力、基礎的ビジネスマナー等の習得を図るための講座を10日間程度で実施し、早期の就職促進を図る。

（3）学生生徒に対する職業意識形成支援、就職支援の強化

○無償の労働体験等を通じての就職力強化事業（ジョブパスポート事業）の創設（新規）

ボランティア活動など無償の労働体験機会に関する情報の収集・提供を行うとともに、これらの活動の実績等を記録する「ジョブパスポート」を開発し、企業に対する働きかけ等を通じ、これらの活動実績が企業の採用選考に反映されるよう普及を図る。

○小中高校生向けの職業意識形成支援事業の充実

ハローワークが産業界と連携し学校において実施している、キャリア探索プログラム、ジュニアインターンシップ等小中高校生を対象とした職業意識形成支援事業について、対象校の拡大や職場体験活動に係るコーディネート機能等の充実を図る。

○大学及び大学生に対する就職支援の強化

大学間・学生間の格差の拡大が認められる大学等卒業者の就職環境を踏まえ、大学等就職担当職員の技能向上や大学等と職業安定機関との連携強化を図るとともに、学生職業総合支援センターシステムの拡充等により未内定学生と未充足求人のマッチングの促進を図る。

（4）若年者に対する就職支援、職場定着の推進

○若年者に対する就職実現プランの策定による個別総合的支援の実施

若年の雇用保険受給者を対象に、再就職に向けた求職活動計画（就職実現プラン）を個人毎に作成し、これに基づき個別総合的な相談援助を重点的に実施する。

○若年者試行雇用事業の拡充

学卒未就職者等を対象に、短期間（3か月以内）の試行雇用を通じ、早期の常用雇用の実現を図るため、若年者試行雇用事業を拡充実施する。

○職場定着を推進する施策の充実（新規）

中小企業等における若年労働者の職場定着促進のため、地域の業界団体が主体となった若年労働者の相互交流、企業人事管理者を対象とした講習等の取組を促進するとともに、インターネット等を通じて、働くことに関わる幅広い相談に身近に応ずる体制を整備する。

（5）ものづくり立国の推進

工場、民間・公共の訓練施設等の親子等への開放促進、ものづくり技能に関するシンポジウムの開催、若年者によるものづくり技能競技大会の実施等を通じ、ものづくりに親しむ社会を形成し、その基盤の上に熟練技能の一層の高度化を図る。

2　若者自立・挑戦プランの推進

（1）実務・教育連結型人材育成システム（日本版デュアルシステム）の拡充

進路が決まらない学卒者等の日本版デュアルシステムの受講を促進するための体験講習を実施するとともに、企業、民間教育訓練機関の取組を促進する施策の強化等を行う。また、若年者のためのワンストップサービスセンター（ジョブ・カフェ）においても、受講希望の受付を開始する。

（2）若年者向けキャリア・コンサルタントの養成・普及の推進

若年者向けのキャリア・コンサルタントを職業能力開発大学校等で養成するとともに、市町村の既存施設等を活用したキャリア・コンサルティング等を実施する。

（3）学卒、若年者向けの実践的能力評価・公証の仕組みの整備

学卒、若年者が、職業能力開発について目標を持ち、意欲を持って取り組むことができるよう、若年者就職基礎能力支援事業（YES－プログラム）の普及促進を図るとともに、3級技能検定職種の拡大を図る。

（4）地域の関係者との連携による若年者雇用対策の推進

若年者のためのワンストップサービスセンター（ジョブ・カフェ）において、新たに若年者の主体的な企画による就職支援活動や、インターネットを活用した相談・助言を行う等、就職支援機能の一層の強化を図る。

内閣官房
内閣府
文部科学省
厚生労働省
経済産業省

「若者の自立・挑戦のためのアクションプラン」のポイント

①学校段階からのキャリア教育を推進し、その効果的な実施のため地域レベルにおける連携を強化する

●小中高校において、以下のような事業を通じて学校段階からのキャリア教育を推進する。
　○中学校を中心に、5日間以上の職場体験等の実施などを通じ、キャリア教育の更なる強化を図る。
　○ハローワーク、産業界等が連携し、企業人等の学校への派遣、企業での就業体験等により職業意識の形成を支援する。
　○NPO、企業等の民間の経験やアイデアを活用し、ものづくり等の働くことの面白さを伝える教育をモデル地域（10カ所程度）において実施する。

●これらの効果的な実施のため、学校、PTA、教育委員会、労働局、経済産業局、地域の経営者協会や商工会議所等、地域レベルにおける関係者による協議の場を設置する。また、各省庁から関係機関に対し、具体的な指示・協力依頼を行う。

●専門高校等の生徒が、地域の伝統産業などの技術・技能を習得できるよう、各地域の産業界等と地域レベルで連携を図る。

②働く意欲が不十分な若年者やニートと呼ばれる無業者などに対して、働く意欲や能力を高める総合的な対策を推進する

●働く自信を高め、意欲を喚起・向上するため、合宿形式による「若者自立塾（仮称）」を創設する。

●ボランティア活動など無償の労働体験等を通じて就職力を強化する事業（ジョブパスポート事業）を創設する。

●工場、訓練施設の親子への開放、ものづくり技能競技大会の実施などにより、子供から大人までものづくりに親しむ社会を形成する（ものづくり立国の推進）。

③企業内人材育成の活性化を促進し、産業競争力の基盤である産業人材の育成・強化を図る

●人材投資の減少傾向を拡大に転じさせるとともに、企業における戦略的な人材育成への取組を強力に後押しするため、人材投資促進税制を創設する。

●製造現場の中核人材の育成を促進するため、ものづくりのベテランの有する技術やノウハウを若手人材に継承するための拠点づくりを推進する。

●コンテンツ・ヘルスケア・集客交流等の戦略サービス分野を支える人材や、IT人材、MOT（技術経営）人材等を育成するため、教育プログラムの開発等を行う。

④ジョブカフェ、日本版デュアルシステム等を推進し、的確な評価に基づき事業成果の向上を図る

●「若年者のためのワンストップサービスセンター（ジョブカフェ）」のサービスを充実するとともに、第三者による評価結果を踏まえ、事業成果の向上、成功事例の普及・拡大を図る。

【実績】就職者数約1万人（15のモデル地域の就職者数：約5,600人）（平成16年9月末現在）

●企業実習と教育・職業訓練を組み合わせて実施する「日本版デュアルシステム」を引き続き推進し、社会的定着を図る。

●若者が就職・仕事に役立つ知識・ビジネススキルを手軽に学べる機会を提供するため、「草の根eラーニング・システム」を整備する。

⑤若者問題について国民的な関心を喚起するとともに、国民各層が一体となった取組を推進するため、広報・啓発活動を積極的に実施する

●国民会議等若者の人間力を高めるための国民運動を推進するとともに、「若者チャレンジキャラバン（仮称）」などのシンポジウムを開催する。

●女性若年層のキャリア形成のためのキャンペーン等を実施する。

※アクションプランの下、関連施策を実施するため、平成17年度政府予算案において、679億円（前年度526億円）を計上。

4―2　職業能力開発―新しい仕組みの整備

従来から、学校教育とは別の枠組みとして、職業能力開発の施策の中で、公共職業訓練の整備や企業内訓練の促進、労働者の自己啓発への支援などのプログラムが実施されてきた。特に、新卒者を中心とする若年者向けには、一年～二年といった比較的長期間にわたり基礎的部分からの職業訓練を行なう課程も用意されている。

二〇〇四年四月からは、企業の即戦力重視の姿勢の中で若者にとってのハンディキャップとなっている実務経験不足という問題に対応するため、座学と企業での実習を組み合わせる「日本版デュアルシステム」がスタートしており、その整備・拡充に力が入れられるようになっている。

なお、「日本版デュアルシステム」には、企業での実習訓練と専門学校・公共職業訓練施設等における座学とを組み合わせた「職業訓練制度における『日本版デュアルシステム』」（短期コース、長期コース）と、職業教育を主とする学科を置く専門高校等と地域の企業等との連携で実践的な職業教育を行なう「専門高校等における『日本版デュアルシステム』」とがある。専門高校等に関しては、二〇〇四年度よりモデル地域を指定し、地域内の専門高校等（指定校）と企業との連携で効果的な導入方法や課題を検討するための「専門高校等における『日本版デュアルシステム』推進事業」が実施されている。（図5―3。詳しくは、職業訓練制度関係については厚生労働省ＨＰ内「日本版デュアルシステムホームページ」、専門高校関係については文部科学省ＨＰ内「専門高校等における『日本版デュアルシステム』推進事業」を参照されたい。）

図5—3 「日本版デュアルシステム」の導入

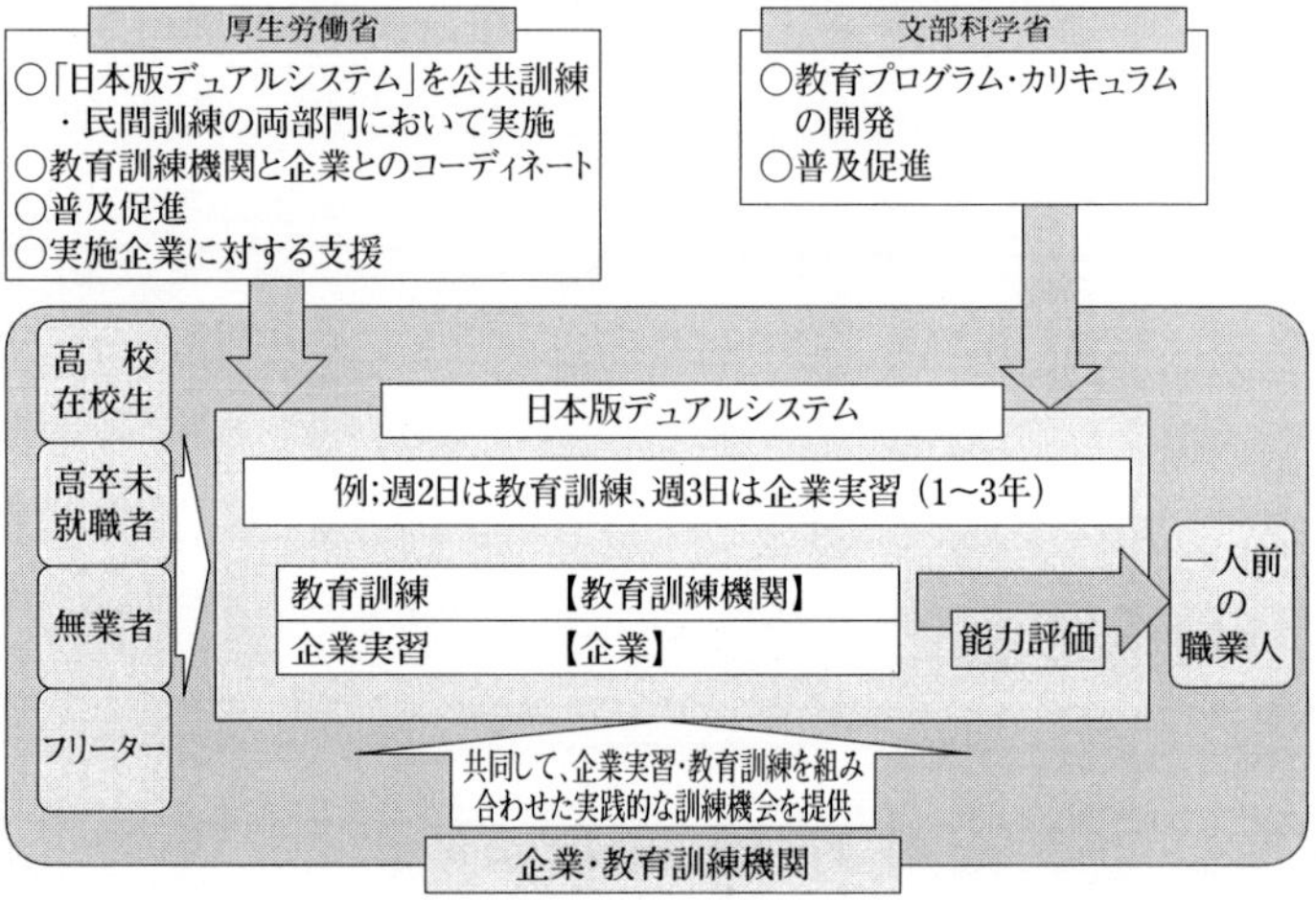

厚生労働省ホームページ「若者自立・挑戦プランに基づく厚生労働省の取り組みについて」より

また、若年者が職業能力開発について目標を持ち、企業が若年者の能力評価を行ないやすくするよう、就職基礎能力の評価・公証を行なう仕組み（「若年者就職基礎能力支援事業（YES—プログラム）」）の整備なども進められている。

4—3 就職活動支援—職業紹介・相談機能の強化

新規学卒者のうち、高卒就職予定者に関しては、長期にわたる求人の減少もあって、ハローワークと学校による従来からの調整機能が力不足となりがちであり、よりきめ細かい職業相談や未内定者の継続的なフォローなどの対応が図られている。

大卒就職予定者に関しては、本人が自主的に活動できることを前提としてきたが、新規大卒者の量的拡大と状況の多様化、インターネットの普及等が大きく状況を変化させる中で、手厚い支援を必要とする層も増えてきていることから、あらためて大学等の就職担当部門や学生職業センターなど公的職業紹介機関によるマッチングの充実が課題となっている。

また、未就職卒業者や、いったん就職しても不本意就職であったり職場に適応できなかったりなどの理由で短期間のうちに離職するケース（いわゆる「第二新卒」）などが増え、学校を離れた後、就職活動に困難を抱える層が増加してきている。このため、学卒無業者、早期離職者、フリーター、ニートなど、学校の指導からこぼれ、情報リテラシーも十分でない不安定就労層を対象としたきめ細かな相談援助のための窓口整備（ヤングハローワークやジョブカフェ、ヤングジョブスポットなど）やメニューの充実（カウンセリングやキャリアプランなどの個別相談、グループワーク、セミナー、合宿形式の「若者自立塾」など）が図られている。

4―4　雇用機会の開拓――就業経路の複線化

雇用形態が多様化する中で、新規学卒後いわゆる正社員就職でなく、アルバイトや派遣労働で就業するケースが増えており、新規学卒時にそのまま常用雇用へという移行経路が必ずしも一般的ではなくなってきている。このため、若年者の働く場を開拓するに当たっても、常用雇用だけではなく、さまざまなルートを活用して、とりあえず雇用の入口と可能性を広げ、就業経路の複線化への対応が試みられるようになっている。

このうち若年者トライアル雇用事業は、学卒未就職者などの若年失業者を短期間の試行雇用として受け入れる企業に対する支援を行ない、その後の常用雇用への移行を図ろうとするものである。仕組みとしては、ハローワークで若年求職者の適性・能力などを把握して相談に乗るとともに、企業に対しては、トライアル雇用を利用した受け入れや常用雇用への移行についての雇用管理上のアドバイスを行ない、トライアル雇用を行なった企業に対して「試行雇用奨励金」を支給するというものである。トライアル雇用終了後の本採用を企業に義務づけるものではないが、これまでの実績をみると、この制度を利用し、トライアル雇用を終了した若年者の八割近くが常用雇用に移行している。

5　若者の働く力をどう育てるか

5―1　キャリア教育のこれから

雇用構造や制度・政策に大きな変化が進行するなかで、学校段階における対応もここ数年急速に体系化されてきている。

学校における職業に関する教育としては、大別して、①特別活動や道徳、総合的学習の時間における職業意識啓発や進路選択に関する理解の促進、②職業に従事する上で必要とされる知識・技能・態度を習得することを目的とする専門教育、特に工業、商業などの専門教育教科の学習を通して行なう職業教育（高校段階）、③社会科や技術・家庭科などの各教科を通した学習などがある。従来、「出口指導」として就職先や進学先の選択につながる進路指導と、専門教育としての狭義の職業教育が職業に関する教育の中心的領域であったが、「総合的学習の時間」の導入等もあり、職業に関連する学習を総合的に行なう場が広がりつつある。

二〇〇二年一月に文部科学省で取りまとめられた「キャリア教育の推進に関する総合的調査研究協力者会議報告書〜児童生徒一人一人の勤労観、職業観を育てるために〜」において、進路指導、職業教育などこれらの各領域にまたがる教育を包括する概念として、「キャリア教育」の定義と範囲が整理されている。

そこでは、「『キャリア教育』を、キャリア概念に基づき『児童生徒一人一人のキャリア発達を支援し、それぞれにふさわしいキャリアを形成していくために必要な意欲・態度や能力を育てる教育』ととらえ、端的には、『児童生徒一人一人の勤労観、職業観を育てる教育』とした」と定義されている。進路指導はキャリア教育の中核をなすものであるが、これだけでなく教科教育、特別活動など学校教育の全領域を通して、また小学校など早い段階から取り組まれるべきものとして、「キャリア教育」という一貫した軸が設定されたことの意義は大きいと言えよう。

卒業後の職業生活を視野に入れたキャリア教育の重要性が一部の就職指導担当者だけでなく一般の教職員にも浸透しつつあるのは重要なことであるが、「勤労観、職業観を育てる教育」が従来からの生徒・学生の「意識啓発対策」にとどまる限り、若者の置かれている状況の具体的な改善に直結するかどうかについては、冷静な判断が必要である。

新規学卒者の求人倍率が一般労働者の求人倍率を大幅に上回り新卒者を採用したいという潜在需要が大きい状況にあれば、「意識啓発」で供給側のてこ入れを図ることによって需要側の採用意欲を一層喚起することが可能である。

しかしながら、現状では、需要側にも大きな問題があり、意識啓発だけでは、その効果は限られている。生徒側にとってシビアな競争的状況にある中で、「選り好みしなければ」、「気持ちを入れ替えれば」就職できるはずという指導は成り立たたない。

意識啓発対策は、もちろん重要な柱の一つではあるが、現在の労働市場では、若年者が労働力として未熟であり、当面の労働市場においては弱者であるという認識に基づく対策が重要であろう。すなわち、未熟性を克服するための能力開発をはじめとする「労働市場で生きる力」の獲得に向けた具体的な支援が求められている。

また、産業界においても、ニートやフリーターの増加を懸念するのであれば、不安定就労を生む場ではなく若年者を育てる場となる企業づくりについて、あらためて知恵をしぼる時であろう。

このような点から、キャリア教育においても、専門高校等における日本版デュアルシステムのように、単なる意識啓発にとどまらず、早期の実践的な職業能力開発など、職業人としての生きる力と個々人の具体的な自立目標を早い時期に確立できるようにする取り組みが重要となるだろう。

5—2　関係者の役割分担

最後に、若者の就業支援を行なう関係者の連携について述べたい。

若年者就業支援施策はこの数年予算も急増し、さまざまな仕組みづくりや体制整備が図られてきた。また、若者の意識啓発など若年者問題への取り組みが「若者の人間力を高めるための国民運動」として官民挙げて協力する重要施策に位置付けられる事項として認識されるに至っている。

若者の就業支援をめぐるこれまでの関係者の意識や動向を振り返ると、労働市場におけるその時々の需給のバランスを反映して、産業側と学校側との力関係も変化してきたが、最近の一〇年間においては、厳しい雇用情勢を背景に、いかにして産業界の要請に応える人材の育成を進めていくかという問題意識が教育関係者の間にも定着してきている。

このため、インターンシップやデュアルシステム、就業体験学習など実体験を重視するキャリア教育の推進が図られているが、これは学校内のみで実施することは不可能であり、実践の場を企業が提供することが必要である。さらにニートの一部にみられる引きこもり状態の若者に対しては、メンタルな面の相談援助をはじめ、医療・福祉分野も含めたきめ細かな専門的支援が必要な場合も多い（図5—4参照）。

このように、キャリア教育と就業支援の当事者は、学校と職業紹介機関だけでなく、地元企業、医療・福祉関係機関、地域のＮＰＯなど若者をサポートできる可能性のあるさまざまな領域に広がっており、これらの関係者が十分な情報交換を図り、連携のネットワークを確立することが重要に

図5—4　キャリア教育と就業支援策の枠組み

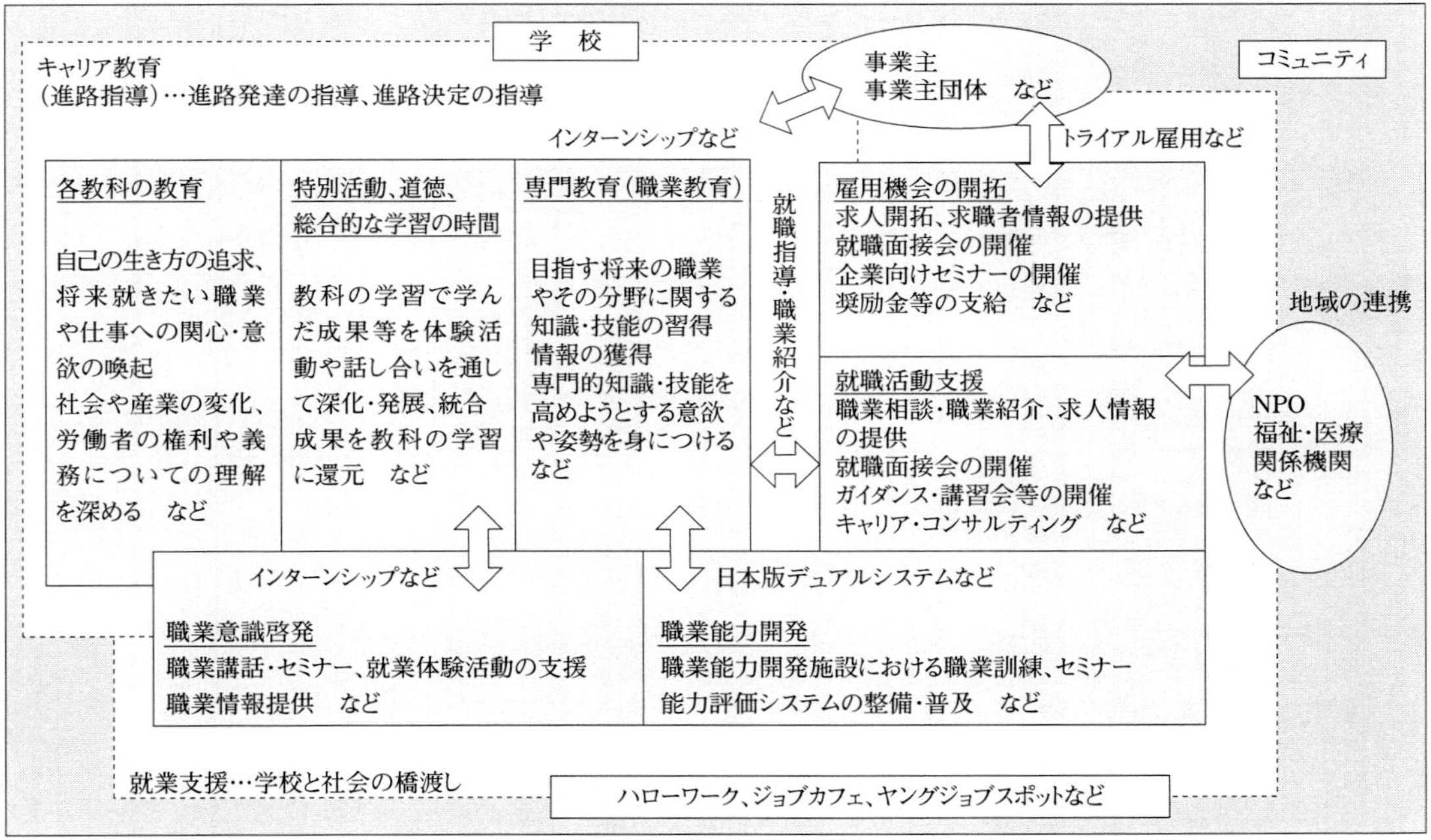
学　校
キャリア教育
（進路指導）…進路発達の指導、進路決定の指導
インターンシップなど
各教科の教育
自己の生き方の追求、将来就きたい職業や仕事への関心・意欲の喚起
社会や産業の変化、労働者の権利や義務についての理解を深める　など
特別活動、道徳、総合的な学習の時間
教科の学習で学んだ成果等を体験活動や話し合いを通して深化・発展、統合
成果を教科の学習に還元　など
専門教育（職業教育）
目指す将来の職業やその分野に関する知識・技能の習得
情報の獲得
専門的知識・技能を高めようとする意欲や姿勢を身につける
など
就職指導・職業紹介など
インターンシップなど
日本版デュアルシステムなど
職業意識啓発
職業講話・セミナー、就業体験活動の支援
職業情報提供　など
職業能力開発
職業能力開発施設における職業訓練、セミナー
能力評価システムの整備・普及　など
事業主
事業主団体　など
トライアル雇用など
コミュニティ
雇用機会の開拓
求人開拓、求職者情報の提供
就職面接会の開催
企業向けセミナーの開催
奨励金等の支給　など
就職活動支援
職業相談・職業紹介、求人情報の提供
就職面接会の開催
ガイダンス・講習会等の開催
キャリア・コンサルティング　など
地域の連携
NPO
福祉・医療
関係機関
など
就業支援…学校と社会の橋渡し
ハローワーク、ジョブカフェ、ヤングジョブスポットなど

なっている。

内閣府が設置した「若者の包括的な自立支援方策に関する検討会」の報告（二〇〇五年六月）においても、このような地域の専門機関が連携して若者に対する継続的な支援を行なうネットワークの構築が提言されている。

施策や予算の充実とともに若者を支援する窓口や利用できる制度が着実に拡大している中で、過渡期ならではのメニューの重複、課題に取り組むスタンスの違いや、問題意識の所在に関するギャップなどを指摘する声もある。しかしながら、次代を担う若者の働く力を育てるという目標は立場を超えて共通である。今後キャリア教育と就業支援の枠組みが相互に調整され、補完しあい、若年者にとって一層頼りになる仕組みが早急に構築されることが期待される。

参考文献・資料

「青少年の就労に関する研究調査」内閣府　平成一七年七月
「若者の包括的な自立支援方策に関する検討会報告」内閣府　平成十七年六月
「新規学卒採用の現状と将来――高卒採用は回復するか」労働政策研究・研修機構　労働政策研究報告書 No.28　二〇〇五年三月
「第二新卒者の採用実態調査」労働政策研究・研修機構　JILPT調査シリーズ No.3　二〇〇五年三月
「インターンシップ推進のための調査研究委員会報告書」厚生労働省　平成一七年三月
「若者の自立・挑戦のためのアクションプラン」若者自立・挑戦戦略会議（内閣官房長官、文部科学大臣、厚生労働大臣、経済産業大臣、経済財政政策担当大臣）平成一六年一二月二四日
「企業が参画する若年者のキャリア形成支援――学校・NPO・行政との連携のあり方」労働政策研究・研修機構　労働政策研究報告書 No.11　二〇〇四年八月
「専門高校等における『日本版デュアルシステム』の推進に向けて――実務と教育とが連結した新しい人材育成システム推進のための政策提言」文部科学省　平成一六年二月二〇日
「キャリア教育の推進に関する総合的調査研究協力者会議報告書――児童生徒一人一人の勤労観、職業観を育てるために」文部科学省　平成一六年一月二八日
「若者の未来のキャリアを育むために～若年者キャリア支援政策の展開」（若年者キャリア支援研究会報告書）厚生労働省　平成一五年九月
「若者自立・挑戦プラン」若者自立・挑戦戦略会議（文部科学大臣、厚生労働大臣、経済産業大臣、経済財政政策担当大臣）平成一五年六月一〇日
「若年者を中心とする雇用促進・人材育成に関する共同提言」（社）日本経済団体連合会、日本商工会

議所　二〇〇三年五月一三日
「若者が自立できる日本へ——企業そして学校・家庭・地域に何ができるのか」　社団法人経済同友会教育委員会　二〇〇三年四月
「高卒者の職業生活の移行に関する研究」中間報告（平成一三年七月）、最終報告（平成一四年三月）文部科学省、厚生労働省
「学校と企業の一層の相互交流を目指して——企業経営者による教育現場への積極的な参画」　社団法人経済同友会　二〇〇一年四月
「高校生の就職問題に関する検討会議報告」文部科学省　平成一三年二月一日
「変革期の大卒採用と人的資源管理——就職協定廃止と大卒の採用・雇用管理の変化」日本労働研究機構　調査研究報告書 No.128　二〇〇〇年一月
「インターンシップ等学生の就業体験のあり方に関する研究会報告書」労働省　平成一〇年三月

終章　キャリア教育と就業支援

小杉　礼子

1　五ヵ国比較からどう学ぶか

日本を含めて五ヵ国のキャリア教育と就業を中心とした若者支援の実態と政策展開を追ってきた。それぞれの章の末尾には筆者たちからのメッセージがまとめられているが、最後にあたるこの章では、各国を比較することから何を学べるか、編者なりの整理を試みる。

さて、序章でわが国の若年失業率は、最近になって他の先進諸国と同様のレベルになったと指摘したが、図終―1には、日本を含めた五ヵ国の若年失業率の推移を示す。

日本とドイツの若年失業率は上昇傾向にあり、一方、イギリスとアメリカは減少、スウェーデンは上下が激しいが、九三年以降しばらく減少傾向にあったと捉えていいだろう。そして、確かに二

図終−1　15−24歳層の完全失業率の推移

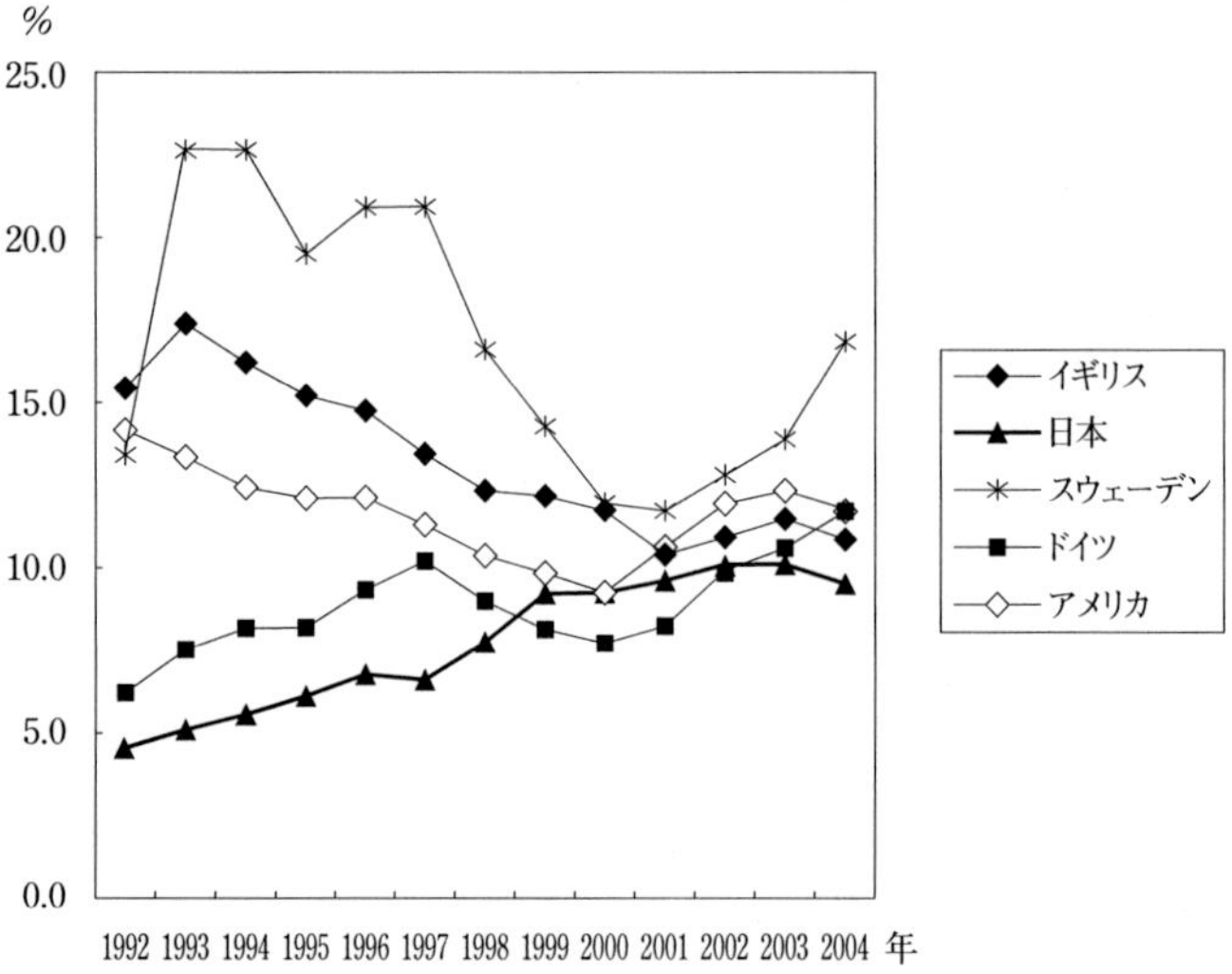

資料出所　OECD Labour Market Statistics
http://www.oecd.org/scripts/cde/members/lfsdataauthenticate.asp

〇〇一年から二〇〇三年にかけては、各国の若年失業率は同じような水準になっている。実際、この国際比較を企画した当初には、イギリス、アメリカ、スウェーデンは若年失業率の改善が進んでいる国という位置づけで比較の対象の国となった。しかし、二〇〇〇年以降の動向だけ見ると、むしろスウェーデン、アメリカ、ドイツでは若年失業率は上昇している。とすると、これらの国の最近のキャリア教育や若者雇用政策を学ぶことにどのような意味があるのだろうか。

いや、失業率はそれぞれ国の労働力需給状況に規定されるものだから、若者の雇用問題に改善が見られるかどうかをみるためには、他の年齢層での失業率との比較のほうがいいかもしれない。そこで、

図終―2　若年（15―24歳）失業率の壮年（25―49歳）失業率に対する比

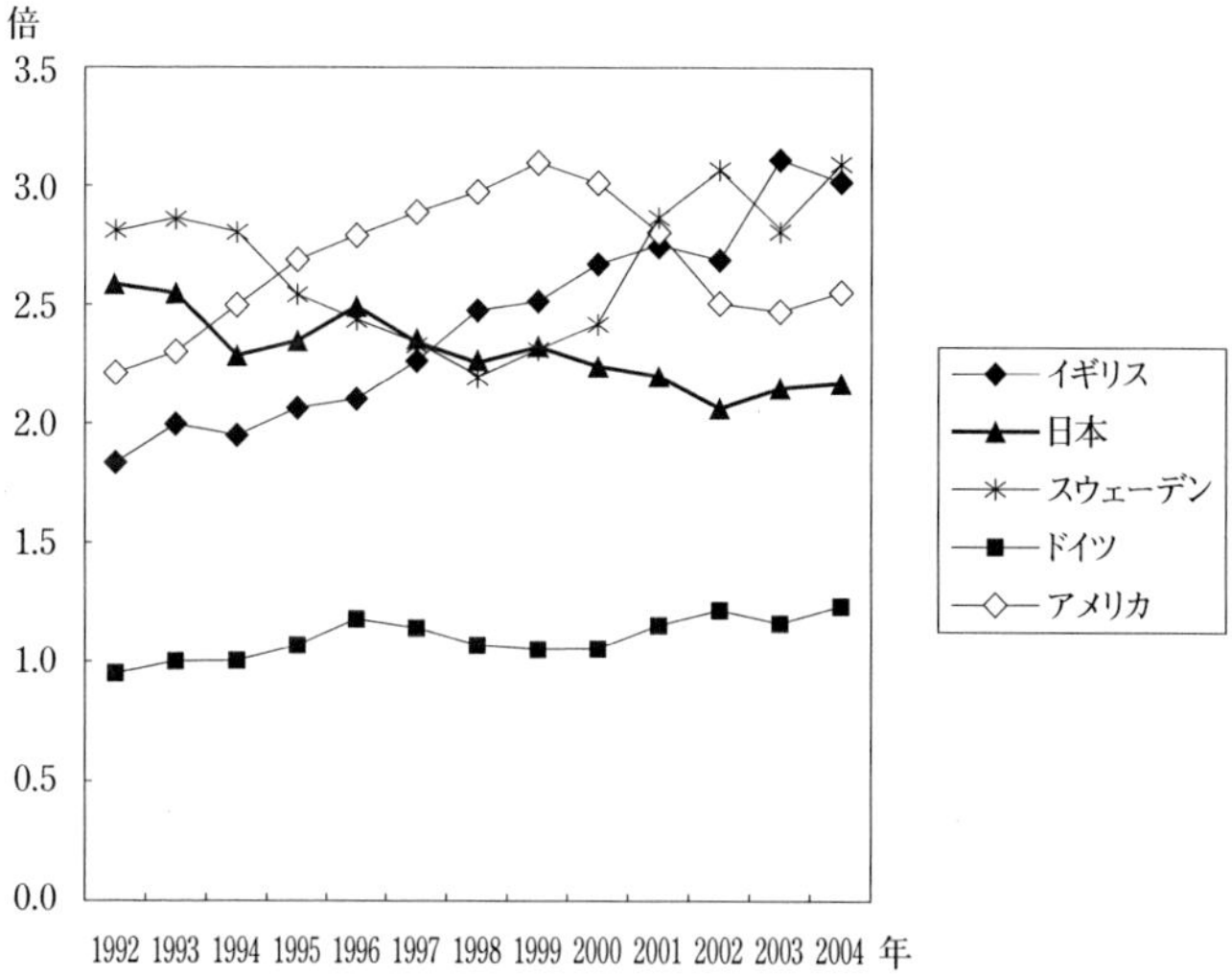

資料出所　図終―1に同じ

図終―2では、壮年層（二五―四九歳）の完全失業率に対しての比をとってみた。

これを見るとドイツのみが一倍程度、日本を含む他の四ヵ国は二倍から三倍の間で推移している。九〇年代に若年失業率の改善がみられたイギリスにしろアメリカにしろ、壮年層の失業率のほうが大幅に改善していて、その結果、若者の失業率がその二～三倍も高いという状況は変わっていないか、より悪化している。すなわち、景気拡大を背景に労働力需要が高まっても、若者の雇用問題は壮年層のそれに比べてなかなか改善されないことが読み取れる。

一方ドイツの場合は、若年失業率は悪化する傾向にあったが、壮年層の失業率との差はほとんどなく、国全体の経済成長の停滞が壮年層にも若年層にも同様に影響を与えていると考えられる。とすると、この国の若年者政策が有効だということだろうか。しかし、ドイツ経済停滞の背景には、産業構造の転換に対応しにくい細分化され柔軟性に乏しい労働市場も一因として指摘されており、この労働市場の特徴はデュアルシステムという若者の教育訓練の仕組みに直結している。この国の仕組みもそのまま優れた若者政策と賞賛するわけにもいかない。

すなわち国際比較をしても、若者の失業問題、職業生活への移行の問題を解決するにはこの国の政策が正解だというわかりやすい結論は得られない。

では、国際比較から何が得られるのか。第一には、共通する課題に対してのアプローチの違いを知ることから来る新たな可能性だろう。それぞれの歴史や文化のもとに限定されているわれわれの発想を相対化することができれば、課題解決に迫れる選択肢が見える可能性がある。第二には、個々の政策レベルで有効性が指摘されているものについて、どういう対象に対してどのように働いたのか、あるいは、働かなかったのかを吟味することから、わが国に当てはめた場合の効果を検討することができる。さらに、効果をどう測定し、生かすのかという方法論のうえでも大いに参考になろう。

就業に関わる若者政策の課題として、次の五点が挙げられる。それぞれについて各国の政策展開を整理し、前記の観点からインプリケーションを考えよう。

多様な職業世界に若者を方向づける

若者のエンプロイアビリティを高める

職業生活への移行が難しい若者への対応
若者を活性化する
政策を評価し、有効性を高める

2　就業にかかわる若者政策の課題と対応

2―1　多様な職業世界に若者を方向づける

各国に共通している課題としては、まず、現代の多様化した職業世界に新たに参入する若者たちをどう方向付づるかという問題がある。

イギリスでは義務教育の最終段階である第一〇学年（一四―一五歳）、第一一学年（一五―一六歳）において、二週間ほどの職場体験のほかに、キャリアガイダンス、キャリア教育、市民性教育が実施されてきた。さらに、「働くことから学ぶ」「働くことについて学ぶ」「働くことのために学ぶ」という三つの側面からなる「ワーク・リレイテッド・ラーニング」の活動を取り入れ、より総合的な職場体験が実施されることになったという。また、キャリア教育の開始時期も一一歳からと早まっている。イギリスでは義務教育修了後の教育機関進学率は七二％と日本に比べるとかなり低いし、この時点で「無業者」となる若者が少なくない。早い時期から、そしてこれまで以上に体系的なキャリア教育によって、職業への関心を高め、就業へ向けての準備を進める必要が高まっているということだろう。

アメリカでは、一七歳までを義務教育とする州が多いため、高校は義務教育機関であり、生徒は地域の指定された高校に進学する。多様な能力・興味・関心を持った生徒がひとつの学校に通うため、大学進学にも就職にも対応できる幅広い選択科目を持つ総合制高校が多い。さらに、数学などの基礎教科では学力差が顕著になるので、到達度・習熟度別科目選択制が導入されている。これがトラッキングとして働き、成績が良く意欲も高い生徒の進学意欲を高める一方、逆の効果もある。この負の側面を抑制する施策として、①キャリア教育を継続的に実施し、また、②進路選択の可塑性をできるだけ高める仕組みを取り入れている。キャリア教育は日本でいう生活指導と統合されており、体系的なプログラムとなっている。これを専門のスクールカウンセラーが中核となって進める。職場における学習も、ジョブシャドウや無給・有給のインターンシップ等多様な形態で、また中学校段階から系統的に実施されている。進路選択の可塑性を高めるという点では、高校における職業教育にアカデミックな側面を強化しつつ高等教育機関との接続を強め、高校の二年間と高等教育機関での二年間を四年一貫教育として位置づける制度（テックプレップ）が導入されている。職業教育からの高等教育進学の可能性を広げた制度である。

ドイツでは、四年制の小学校修了段階で最初の分岐があり、原則として大学進学を目指すギムナジウム、中級技術者を目指す実科学校、職人・専門労働者を目指すハウプトシューレのいずれかに進学する。前期中等教育終了まで九〜一〇年間が義務教育で、その後、パートタイムの就学義務が三年ある。前期中等教育の第七〜一〇学年では労働科等の科目でキャリア教育が展開されている。ここには職場訪問や一〜四週間の企業実習が組み込まれている。実習先は生徒が自分で探し、希望職種が見つからなければ他の職種へ変更するなど労働市場の実際を経験する。前期中等教育後、デュアルシステムに入るためには、企業での訓練席を獲得しなければならない。生徒は労働行政の支援を受けて訓練席獲得のための就職活動を行なう。訓練席が得られれば週三日程度は企業内で職業訓練をうけ、週二日程度は職業学校で先のパートタイムの就学義務に対応する普通教育・専門理論教育を受ける。デュアルシステムを経験する青少年は全体の七割程度である。

三つの国のどこでも義務教育の最終段階までに、相当程度の時間をかけて卒業後の職業的方向づけを助けるキャリア教育が展開されている。職業的な分岐が始まる時点は国により大きく異なる。ドイツの場合は非常に早く一〇歳前後に大きな分岐があり、イギリスでは義務教育終了時点で、アメリカでは高校在学中に到達度の違いが明らかになるにつれて意識されてくる。どちらにしても、義務教育から離れる時点の数年前から、本人に職業的方向づけを意識させ、就労現場の体験ばかりでなく、求職活動や職業生活にかかわる具体的でかつ幅広い知識を伝える教育が体系的に展開されている。

わが国の場合、義務教育終了時点を意識したキャリア教育はほとんど蓄積がない。戦後しばらく職業科目が中学におかれていた時期があったが、九七％という高い高校進学率のもとには、中学校段階での職業生活への準備教育は不要になったということだろう。ただし、高校進学は職業的な分岐の第一段階である。本人の学力と（職業的）選択によって職業コースを含む序列化された高校に進学し、さらに、高等教育進学時点でも、同様な分化がおこる。進学がトラッキングのメカニズムとなってきたが、そこに職業的選択を支えるキャリア教育は付随してこなかった。我が国企業の新卒一括採用の慣行とも関連しておこってきたことだが、改めて、義務教育段階（実質的には高校段階としてもいい）で果すべきことを考える必要があるのではないだろうか。

また、キャリア教育を担う体制についても、十分な議論がない。専門的人材の投入や産業界や学校外の就業支援機関との連携を組織的に進める体制作りが必要だろう。

2―2　若者の就業能力（エンプロイアビリティ）を高める

壮年層に比べて若者の失業率が高い原因の一つは、若者のエンプロイアビリティが十分でないからだといえるだろう。どうそれを高めるかは、若者政策の大きな課題である。

若者の就業能力を高めるうえで、世界的に高い評価を得てきたのがドイツのデュアルシステムである。学校における教育と仕事場での職業訓練を結びつけたコースを早い段階から選択肢として提供する方法は、本書では取り上げなかったオーストリア、スイス、デンマークでも広く取り入れられている。これらの国では、一五―二四歳の失業率は押しなべて低い。デュアルシステムの根幹には職業資格制度がある。訓練規定で訓練内容が定められ、準公的機関である会議所等が終了試験を実施する。合格すれば、職人や専門労働者といった名称を得て、職人等として働ける。経験を積んでマイスター試験を受けることもできる。

問題は、まず、訓練席を提供する企業の負担が大きく訓練席が十分提供されないために、訓練を受けることができない者が少なからず出ていることである。また、労働市場が職業資格により細分化し柔軟性を欠くために産業構造の変化や技術革新などへ十分対応できないのではないかという指摘もある。


一方、スウェーデンはかつてはデュアルシステムによる訓練制度を持っていた国だが、これを大きく変えた。一九八〇年代以来のグローバル化による経済競争が激化するなかで、国際競争で生き残っていくためには能力・知識等の開発が決定的に重要だとの認識のもとに、後期中等教育を方向転換して、特定技能の能力開発というより、職業人生における変化への対応能力の向上を意図して、基礎能力の強化に重点をおく職業準備教育に変えた。また、大学準備教育と職業準備教育とのカリキュラムを組織的に統合し、より柔軟な総合的職業教育へと転換がはかられた（宮本 2003）。


アメリカにおけるテックプレップ制度も同様の性質があるといえるだろう。

こうした改革は、職業教育と普通教育、アカデミックな教育の統合という方向性を持つものであり、後期中等教育や高等教育において、若者の興味と意欲を引き出す、多様でフレキシブルな学校づくりとしても評価されている（OECD 2002）。

また、在学中の職場体験は、キャリア探索・設計上の役割ばかりでなく、当然、エンプロイアビリティの向上策としても評価されている。職場体験を通した学習によって、特定の仕事に関する知識や技能が獲得できる、産業界についての知識が広がるといった直接のメリットと、さらに、労働市場のニーズを教育サイドに伝える役割も指摘されている。

わが国においてのこれまでの議論では、キャリア教育の振興に力が入る一方、エンプロイアビリティの向上策についての議論は十分展開されていないのではないか。教育段階での対応が従来からの生徒・学生の「意識啓発対策」にとどまるようでは、現状の変革は図れない。労働市場のニーズを的確に把握し、教育プログラムの設計に生かせる制度的な工夫が必要な段階ではないか。ただし、その方向をデュアルシステムのような実践的職業訓練に重きを置く形か、テックプレップのようにアカデミックな教育との統合を視野に入れるのか、いくつかの選択肢があろう。わが国産業界の今後の方向に規定されるものだろう。

2―3　職業生活への移行が難しい若者への対応

各国では学校を通じて若者の就業能力を高める努力をしているが、一方、どの国でも限られたスキルのままで学校を離れてしまう一群の若者たちがいる。中途退学者等、リスクを負う若者は、失業を繰り返したり、長期間失業していたり、断続的で低賃金の仕事についたり、労働市場に参加しなくなることが多いため、政策対象として特に意識されている存在である。

対策の第一は、学校からのドロップアウトを阻止し、中途退学した者を早く正規の教育や訓練に戻す支援である。アメリカでは中退予防プログラムがあり、専門家が高校内に常駐し履修指導や学習相談等の個別指導に当たって効果を挙げており、中退者支援プログラムの導入もされている。このほか、スウェーデンでは「青年保障 youth guarantee」という、二〇歳までのすべての若者は後期中等教育で学ぶ権利を持つという考え方があり、この年齢の若者が後期中等教育を修了していなければ、この青年保障という施策を利用して地方自治体の成人教育コースに入れるしくみがある(OECD)。

イギリスのコネクションズは、すべての一三―一九歳の若者を対象にした支援だが、複雑な障害を長期的に抱える若者には、集中的・持続的な支援を行なう。社会とのつながりを失いやすい、複雑な問題を抱えた若者層には、在学中から集中的に支援を行なうし、義務教育就業後に、どこにも所属しておらず、活動していない若者に対しては三月に一度は接触して支援することが決められている。こうした若者に対しては、アウトリーチを伴う積極的な支援を行なっている。

アメリカでの社会的に不利な立場に置かれた若者を対象にしたプログラム＝ジョブ・コアは、寄宿制による集団生活を経ながら、職業訓練と一般教養カリキュラムを受講して、就労するために必要な意欲・構え・知識・技能を身につけることをねらったものである。経費はすべて無償で、参加者には小遣いも支給される。このプログラムは厳密な効果測定が行なわれ、その結果は高い評価であった。

わが国においては、こうした不利な立場に置かれた若者を対象にした政策は展開されてはいない。アメリカやイギリスにおいては、人種・民族・学歴の違いを背景とした経済格差は顕在的であり、それだけに積極的な対応をとらざるを得ないという面はあろう。しかし、現在日本においても、中卒や高校中退の若者が無業化、固定化しやすいという傾向があり、問題の根は共通している。

今年始まった若者自立塾にはジョブ・コアに近い面があるが、参加者の経済的負担は大きく、経済的に困難な背景を持つ若者には利用しずらいものになっている。社会的排除という側面を意識した政策運営が必要ではないか。

また特に支援の必要な若者への対応を、すべての若者を対象とした支援の中に位置づける発想も、政策効果を高めるためには必要だ。各地で地域行政が設置するジョブカフェと国のハローワーク等が共同でワンストップの支援を始めているが、これと連動していくことが重要だ。

2―4　若者を活性化する

就業促進のために、失業者が積極的に仕事を探し労働市場に接触し続けるように圧力をかける政策は、多くの国で取られている。イギリスのニューディール政策では、プログラムに参加しなければ求職者手当てを減額したり停止するという措置が含まれている。

スウェーデンにおける若者の活性化はより広い含意がある。一九八一年にその後の若者政策の基礎となるNot for Saleという文書が政府によって公表されるが、そこでは、若者は生産活動に携わらず社会的に受身で消費するだけの存在になっていること、これが若者の自信喪失や将来への否定的意識を喚起していることが指摘されている。こうした認識が、その後スウェーデンの政策を、就労支援にとどまらない、教育や住宅、社会保障など、トータルな視点をもつ包括的な移行政策に発展させた。その政策目標は、第一に「自立」で、これが青年期の到達目標であり、国家と社会が支援する必要があるものである。第二は「現在および将来において若者がメンバーとして社会に参画し影響力を持つこと」、第三は「若者のコミットメント、創造性、批判的思考力を社会は資源として活かさなければならない」ことである。

このスウェーデンの若者政策の理念と比較したとき、日本における議論が若者の主体性の問題（意欲や労働観や自立意識の弱体化）に向けられるのみで、その背後にある重大な問題、すなわち、「若者の弱体化は、家庭・学校・地域その他において、若者の参画がなおざりにされ、若者の役割喪失が進行してきた結果であること」を無視しかねないという問題が明らかになる。

現在は日本においても、若者の職業的自立支援を重要政策課題として位置づけようという動きが本格化しているが、職業的自立支援と若者の社会参画とが、車の両輪となる必要があろう。

2―5　政策を評価し、有効性を高める

イギリスのコネクションズ政策においては、サービスの質を保つため、監査が組織的に行なわれ、評価結果が公表されている。アメリカのジョブ・コアのプログラムでは効果測定の手法が確立され、結果が公表されている。これらの評価は、プログラムの改善とスクラップアンドビルドに活用されている。

現在、日本でも若者自立挑戦プランの個々の政策や全体の評価が進められているが、評価手法を開発していくことが重要な課題となっている。イギリスやアメリカなどで採られている方法を積極的に検討し入れられる部分は入れていく対応が必要だろう。

主な参考文献

OECD database on Labour Market Statistics　http://www1.oecd.org/scripts/cde/members/lfsdataauthenticate.asp

OECD 1999, *Preparing Youth for the 21s Century: The Transition from Education to the Labour Market, Proceedings of the Washington, D. C. Conference*, Paris.

OECD 2002, *Employment Outlook*, Paris (Chapter 1).Benny Henriksson 1983 *Not for Sale — Young People in Society.*

日本労働研究機構 2003『諸外国の若者就業支援政策の展開——イギリスとスウェーデンを中心に』

宮本みち子 2003「スウェーデンにおける若年者就業支援政策」日本労働研究機構『諸外国の若者就業支援政策の展開——イギリスとスウェーデンを中心に』

労働政策研究・研修機構 2004『諸外国の若者就業支援政策の展開——ドイツとアメリカを中心に』

労働政策研究・研修機構 2005『若者就業支援の現状と課題——イギリスにおける支援の展開と日本の若者の実態分析から』

あとがき

日本社会においてフリーターの増加や若年失業率の上昇などが問題として認知されはじめた一九九九年、わたしたちは不安定な状態におかれた日本の若者についての調査研究を開始した。実態がだんだん分かってくるにつれて、支援を必要とする若者が少なくないことが見えてきたが、当時の日本においては、新規学卒時を除くと、若者が利用できる支援の選択肢はごく限られたものであった。

こうした若者に対してどのような政策的支援を行なっていったらよいのか、その時点ではまだ見えてきていなかったが、周知のように、諸外国ではこれまで様々な試みが行なわれてきている。実験のできない社会科学においては、諸外国の政策や事例はひとつのモデルである。日本の若者に対してどのような支援がありうるのかという問題意識から、すでに海外の研究を進めておられた諸先生のお力をお借りして、諸外国の若者就業支援政策について調査研究を始めたのは二〇〇一年のことである（はしがき参照）。

各国の若者就業支援政策について研究を始めた当初は、様々な驚きの連続であった。率直に言うと、「ここまでやるのか」と感じ、また「こういう支援が日本で行なわれるのは、ずっと先のことだろう」とも思っていた。私たちの調査研究に対して寄せられる意見も、「日本ではこのような支援策はまだ無理だろう」というトーンのものが多く、諸外国のような若者支援は絵に描いた餅みたいなものだとも言われていた。

しかしここ数年の日本の若者就業支援政策の展開はわたしたちの予想を大きく裏切り、実に速いスピードで進行している。実践に参考になるような研究動向や事例を現場にお伝えするのは政策研究者の重要な役割であるが、現場の動きは実に柔軟でかろやかであり、その速さに追いついていくのはなかなか大変である。

本書の政策や事例の中には、すでに日本で取り入れられているものもあるし、日本の現場から産みだされた実践と共通するものもある。また各国の政策や実践も刻々と変化し、模索が続いている。しかしそれぞれの国が真摯に、またその結果が目覚しいものではなくても、へこたれることなく若者支援を継続している姿から、日本が学ぶところは大いにあるのではないだろうか。

本書が悩んでいる若者と、現場を支える支援者の方々にとって、少しでもお役に立てれば幸いである。

二〇〇五年一〇月

堀　有喜衣

執筆者略歴

小杉　礼子（こすぎ・れいこ）　編者、序章、終章
1952年　神奈川県に生まれる／1975年　東京大学文学部卒業／現在　独立行政法人労働政策研究・研修機構　統括研究員／主著『フリーターという生き方』（勁草書房、2003年）『フリーターとニート』（編著、勁草書房、2005年）ほか

堀　有喜衣（ほり・ゆきえ）　編者、第1章
1972年　茨城県に生まれる／2002年　お茶の水女子大学大学院人間文化研究科単位取得修了／現在　独立行政法人労働政策研究・研修機構　研究員／主著『フリーターとニート』（共著、勁草書房、2005年）、『フリーターに滞留する若者たち』（編著、勁草書房、2006年）ほか

植田（梶間）みどり（うえだ（かじま）・みどり）　第1章
1973年　山口県に生まれる／青山学院大学大学院博士後期課単位取得退学　現在　国立教育政策研究所　研究員
主論文「現代イギリスの教育改革」『教育の比較社会学』（学文社、2004年）ほか

藤田　晃之（ふじた・てるゆき）　第2章
1963年　茨城県に生まれる／1993年　筑波大学大学院博士課程教育学研究科単位取得退学／1995年　博士（教育学）／現在　国立大学法人筑波大学大学院博士課程人間総合科学研究科　准教授／主著『キャリア開発教育制度研究序説』（教育開発研究所、1997年）

坂野　慎二（さかの・しんじ）　第3章
1961年　北海道に生まれる／東北大学大学院教育学研究科単位取得退学、博士（教育学）／現在　玉川大学通信教育部教育学部　准教授／主著『戦後ドイツの中等教育制度研究』（風間書房、2000年）『学力の総合的研究』（共著、黎明書房、2005年）

宮本　みち子（みやもと・みちこ）　第4章
1947年　長野県に生まれる／1975年　お茶の水女子大学大学院家政学研究科修士課程修了／現在　放送大学教授、社会学博士／主著『若者が〈社会的弱者〉に転落する』（洋泉社、2002年）／『ポスト青年期と親子戦略』（勁草書房、2004年）／訳書　ジョーンズ／ウォーレス『若者はなぜ大人になれないのか』（新評論、1996年）ほか

金崎　幸子（かなざき・ゆきこ）　第5章
1956年　福岡県に生まれる／1979年　東京大学文学部卒業／労働省入省／独立行政法人労働政策研究・研修機構を経て　現在　東京労働局雇用均等室長

キャリア教育と就業支援――フリーター・ニート対策の国際比較

2006年2月15日　第1版第1刷発行
2007年6月20日　第1版第3刷発行

編　者　小杉《こすぎ》　礼子《れいこ》
　　　　堀《ほり》　有喜衣《ゆきえ》

発行者　井村寿人

発行所　株式会社　勁《けい》草《そう》書房

112-0005　東京都文京区水道2-1-1　振替　00150-2-175253
(編集) 電話　03-3815-5277／FAX 03-3814-6968
(営業) 電話　03-3814-6861／FAX 03-3814-6854
本文組版 プログレス・理想社・青木製本

http://www.keisoshobo.co.jp

キャリア教育と就業支援
フリーター・ニート対策の国際比較

2016年6月1日　オンデマンド版発行

編　者　小杉礼子
　　　　堀　有喜衣

発行者　井村寿人

発行所　株式会社　勁《けい》草《そう》書房

112-0005 東京都文京区水道 2-1-1　振替　00150-2-175253
（編集）電話 03-3815-5277／FAX 03-3814-6968
（営業）電話 03-3814-6861／FAX 03-3814-6854

印刷・製本　（株）デジタルパブリッシングサービス http://www.d-pub.co.jp

AJ742

ISBN978-4-326-98264-6　Printed in Japan